ଚନ୍ଦନ ବନରେ ଏକା

ଚନ୍ଦନ ବନରେ ଏକା

ଭାନୁଜୀ ରାଓ

ବ୍ଲାକ୍ ଈଗଲ୍ ବୁକ୍ସ
ଭୁବନେଶ୍ୱର, ଓଡ଼ିଶା

BLACK EAGLE BOOKS
Dublin, USA

ଚନ୍ଦନ ବନରେ ଏକା / ଭାନୁଜୀ ରାଓ

ବ୍ଲାକ୍ ଈଗଲ୍ ବୁକ୍ସ : ଭୁବନେଶ୍ୱର, ଓଡ଼ିଶା • ଡବଲିନ୍, ଯୁକ୍ତରାଷ୍ଟ୍ର ଆମେରିକା

BLACK EAGLE BOOKS

USA address:
7464 Wisdom Lane
Dublin, OH 43016

India address:
E/312, Trident Galaxy, Kalinga Nagar,
Bhubaneswar-751003, Odisha, India

E-mail: info@blackeaglebooks.org
Website: www.blackeaglebooks.org

First International Edition Published by
BLACK EAGLE BOOKS, 2022

CHANDANA BANARE EKA
by **Bhanuji Rao**

Copyright © **Susmita Rath**

All rights reserved. No part of this publication may be reproduced, stored in a retrieval system, or transmitted, in any form or by any means, electronic, mechanical, photocopying, recording or otherwise without the prior permission of the publisher.

Cover & Interior Design: Ezy's Publication

ISBN- 978-1-64560-329-0 (Paperback)

Printed in the United States of America

ସୂଚିପତ୍ର

ନଈ	୯
ଏକା ଏକା	୧୦
ନିଦ	୧୨
ଭଙ୍ଗା ଫୁଲଦାନି	୧୩
ଜହ୍ନ ବୁଡ଼ିଗଲେ	୧୪
ଚନ୍ଦନ ବନରେ ଏକା	୧୬
ପବନ	୧୮
ପ୍ଲାବନ	୧୯
ପଳାଶ	୨୦
ବିଦାୟ	୨୧
କଲ୍‌କୀ	୨୨
ପାଇନ୍	୨୪
ଫାଣ୍ଟମ୍	୨୬
ଓଠ	୨୮
ମୃତ୍ୟୁ	୩୦
ମଣିଷ	୩୨
ସ୍ୱପ୍ନଭଙ୍ଗ	୩୪
ଗୋଲାପ ସୁନ୍ଦରୀ	୩୬
ଗଛ	୩୭
ସ୍ୱର୍ଣ୍ଣ ଦିନ-ଲିପି	୩୮
ପ୍ରାପ୍ତି	୪୦
ଉତ୍ତରାଧିକାର	୪୧
ପ୍ରତ୍ୟାବର୍ତ୍ତନ	୪୩
ରବୀନ୍ଦ୍ରନାଥ	୪୫
ଶେଷ ଅଶ୍ୱାରୋହୀ	୪୭
ବାସ୍ନା	୪୯
ସ୍ୱପ୍ନର ଆୟୁ	୫୧
ଆରବ୍ୟ ରଜନୀର ଗଳ୍ପ ଅଥବା ଦିନେ ଅକସ୍ମାତ୍	୫୩
ଯାତ୍ରା	୫୫
ନିଦାଘ	୫୭
ଅବରୋହଣ	୫୯
ଅଭିସାର	୬୧

ଜହ୍ନ	୬୩
ଫଟା ସକାଳ	୬୫
ସ୍ମୃତି-ତର୍ପଣ	୬୭
କବି	୬୯
କବି ଓ କବିତା	୭୩
ଯବନିକା	୭୬
ତୁମେ ମୋତେ	୭୯
ଅନ୍ଧାରରେ ଏକା	୮୧
ପାଲଭୂତ	୮୫
ହେମନ୍ତ	୮୮
ବିଦୀର୍ଣ୍ଣ ଦର୍ପଣ-୧	୯୦
ବିଦୀର୍ଣ୍ଣ ଦର୍ପଣ-୨	୯୧
ସମୟ	୯୨
କିମିୟା	୯୫
ବର୍ଷା	୯୭
ଦିଗଭ୍ରାନ୍ତ	୧୦୦
ବିଲେଇ	୧୦୩
ଶେଷ ଠିକଣା	୧୦୪

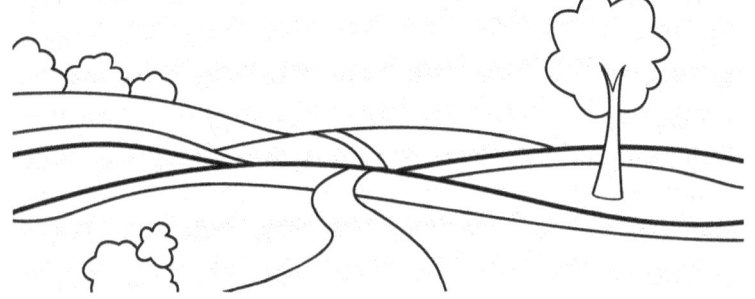

ନଈ

ମୁଁ ଗୋଟିଏ ନଈକୁ ଚିହ୍ନିଥିଲି - ଭଲ ପାଇଥିଲି ।
ଯିଏ ଏକ ବେଗବାନ ଘୋଡ଼ା ପରି
ଦୌଡ଼ୁଥିଲା ଭେଟିବାକୁ ସମୁଦ୍ର ।
ସେ ଧାଉଁଥିଲା ଦୂର ବନସ୍ତର ବସନ୍ତକୁ ଛୁଇଁବାକୁ,
ମଞ୍ଜରିତ ଡାଳସବୁ ଶିହରିତ ହେଉଥିଲେ ତାର ଉଚ୍ଛ୍ୱାସରେ ।
ମୁଁ ପୁଣି ଦେଖିଛି ତାକୁ
ପବିତ୍ର ବିଧବା ପରି
ଶୀର୍ଣ୍ଣ ଦେହ ଜାକିଜୁକି
ଶୋଇଛି ସେ ଧମଳ ବାଲିରେ,
ହାତମୁଠାରେ ପୁଳାଏ ବାଲିଗରଡ଼ା ।
ହୁଏତ ସେ ମରିଯିବ, ସରିଯିବ ଦିନେ
ବାଲିର ପିରାମିଡ୍ ସବୁ ଗ୍ରାସିଯିବେ ତାକୁ
କିଛିଦିନ ପାଇଁ ।
ଉଠିବ ସେ ଜାଗି ପୁଣି,
ନୀଳ ଢେଉ ନାଚି ନାଚି
ତା ଦେହକୁ ଓହ୍ଲାଇ ଆସିବେ ।
ନିଃସଙ୍ଗ କିଶୋରୀମାନେ
ଗଡ଼ିବେ ପାଣିକୁ,
ମହମରେ ଗଢ଼ା ତାଙ୍କ ଗୋଡ଼ ଧୋଇବାକୁ
ନିର୍ଜନ ଜହ୍ନଆଲୁଅରେ ।

ଏକା ଏକା

ବହୁ ଦୀର୍ଘ ଦିନ ହେଲା
ଘର ମୁଁ ଛାଡ଼ିଛି।
ବହୁ ଯୁଗ ଧରି ମୋର
ଛାତିର ଝରକାରେ
ଫୁଟି ଉଠିନାହିଁ ମୁହିଁ
ଥରକ ପାଇଁକି-
କାହାରି।

ବହୁଦିନ, ବହୁ ଦୀର୍ଘ ଦିନ
ଶିଉଳି ଭରିଛି ପୋଖରୀରେ।
ଗଛ ତଳେ ଦୁଆର କଡ଼ରେ,
ମୁଠା ମୁଠା ଜମିଛି ବଉଳ।

କେତେ କାଳ ବିତିଗଲା-
ବଗିଚାର ସଜନା ଡାଳରେ
ଫୁଲ ଫୁଟେ, ଫୁଲ ମରିଯାଏ।
ଫୁର୍ କରି ଉଡ଼ିଗଲା କୋଇଲି
ପଣସ ଗଛରୁ
ନୀଡ଼ ଭାଙ୍ଗିଦେଇ।

ଏ ଏକ ମେଘର ରାଜ୍ୟ
ଏଠି ଖାଲି ମେଘମାନେ ଯା'ନ୍ତି ପାରିଧିକି,
ସେମାନଙ୍କ ଆଚରଣ
ସ୍ୱାର୍ଥପର ଜଳଦସ୍ୟୁ ଭଳି।
ସେମାନଙ୍କୁ ନେଇ ମୋର
କଟେନାହିଁ ବ୍ୟକ୍ତିଗତ ବେଳ।

ମନେପଡ଼େ କେବେ ଦିନେ
କେଉଁ ଅନ୍ୟ ଗ୍ରହରେ କେଜାଣେ
ମେଘ ସବୁ ଗାଈ ପରି
ଚରୁଥିଲେ ପାହାଡ଼ ସାନୁରେ।
ଫୁଲ ସବୁ ମଉଳିଲା,
ପାଖୁଡ଼ାରୁ ସରିଲା ମହକ।
ଦୀର୍ଘ କାହା ଛାଇ ପଡ଼େ
ପିଚ୍ଛିଳ ଜହ୍ନ ଆଲୁଅରେ।
ମୁଁ ଆଉ ସେହି ଛାଇ
ହାତ ଛନ୍ଦି ପରସ୍ପର,
ବସି ରହୁ ମୁହାଁମୁହିଁ
ଚୁପ୍‌ଚାପ୍ ଏହି ପ୍ରବାସରେ।

ନିଦ

ନିଦମାନେ କ୍ରମଶଃ କ୍ଷୟ ହୋଇ ଯିବାର କାହାଣୀ
ଧୀରେ ଧୀରେ ଭାଙ୍ଗି ଭାଙ୍ଗି ନିଃଶେଷ ହେବାର ପ୍ରକ୍ରିୟା ।
ନିଦ ମାନେ, ଶୋଇ ରହିବା ନୁହେଁ ।
ନିଦ ଅର୍ଥ ଯୌବନର ଫଟା ଦର୍ପଣରେ
ନିଜର ରୁଢ଼ ବଲବଲ ମୁହଁ ଦେଖିବା
ସାରା ରାତି କିମ୍ୱା ଦିନ ସାରା ଧରି ।
ବିସ୍ମରଣ ନୁହେଁ,
ଭଙ୍ଗା ସିଲଟରେ 'ଅ' 'ଆ' ମଡ଼େଇବାର
ଅନ୍ୟ ନାମ ନିଦ ।
ନିଦ ମାନେ ଶୋଇବା ନୁହେଁ,
କରେଇ, ଲମ୍ୱ ହୋଇ, ଚିତ୍ ହୋଇ, କିମ୍ୱା ମୁହଁ ମାଡ଼ି ।
ନିଦ ମାନେ, ଶଯ୍ୟାହୀନ ସହରରେ
ହୋଟେଲ ଖୋଜି ବୁଲିବା,
ଆଉ ଏକମାତ୍ର ତକିଆଟି
ହଠାତ୍ ହଜେଇ ଦେବା,
ପୂର୍ବବର୍ତ୍ତୀ ସହରର ଅମୁହାଁ ଗଳିରେ ।
ନିଦ ଅର୍ଥ ବିବସ୍ତ୍ରା ନାରୀକୁ ଟିକିଏ ଛୁଇଁ ଦେଇ
ଘର ଛାଡ଼ି ମୁହଁ ବୁଲାଇ
ଚାଲିଯିବା ସନ୍ନ୍ୟାସରେ ।
ନିଦ ମାନେ ଗୋଟିଏ ଟଣା ଦଉଡ଼ି ଉପରେ
ସର୍କସ ଖେଳାଳି ପରି ନାଚି ନାଚି
କୁଦି ବୁଲିବା ।
ବିଶ୍ରାମ ନୁହେଁ, ନୁହେଁ ସ୍ୱପ୍ନ ଦେଖିବା ବି ।

ଭଙ୍ଗା ଫୁଲଦାନି

ଫୁଲଦାନି ଭାଙ୍ଗିଯିବା ପରେ
ଫୁଲ ସବୁ ବିଞ୍ଛିଯାଏ ଏଣେତେଣେ,
ସ୍ମୃତିର ବୃନ୍ତରୁ
ଟୁପ୍ କରି ଖସି ପଡ଼େ
ନିରକ୍ତ ଗୋଲାପ।
ସାଉଁଟିବାକୁ କେହି ନାହିଁ
ଅବିନ୍ୟସ୍ତ ଫୁଲତୋଡ଼ା
ଲୋଟୁଥାଏ ଧୂସର ଧୂଳିରେ।
ଚାହା କପ୍ ଭାଙ୍ଗିଗଲେ
ଯୋଡ଼ି ହୁଏ ନାହିଁ କେଭେ,
ଧୋଇଲେ ବି ଯେତେ
ହାହାକାର ଲିଭେ ନାହିଁ
ସେ ଫଟା ଦାଗରୁ।
ପିଇବାକୁ ଚେଷ୍ଟା କଲେ
ଜିଭ ପୋଡ଼େ କର୍କଶ ଚାହାରେ।
ଏକା ଏକା ଚୁପ୍‌ଚାପ୍,
ପରିତ୍ୟକ୍ତ ଘରର କୋଣରେ,
ପଡ଼ିଥାଏ ପଥର ଟେବୁଲ୍।
ହୃଦୟ ବି ଭାଙ୍ଗିଯାଏ ଦିନେ,
ହାରିଯା'ନ୍ତି ପୃଥିବୀର ତମାମ ଶଲ୍ୟବିତ୍,
ଛିନ୍ନଭିନ୍ନ ପ୍ରେମ ମୋର
ପଡ଼ିଥାଏ ଇତସ୍ତତଃ
ମୁହଁ ମାଡ଼ି ନୃଶଂସ ପାସରେ।

ଜହ୍ନ ବୁଡ଼ିଗଲେ

ଭଲ ଆଉ ପାଏ ନାହିଁ କେହି ଆଜିକାଲି,
ସ୍ମୃତିର କବର ମୂଳେ
ପଡ଼ିଥାଏ ନିରକ୍ତ ଗୋଲାପ,
ଗନ୍ଧହୀନ ବିବର୍ଣ୍ଣ ପାଖୁଡ଼ା।

ଗୋଧୂଳିର ଅସ୍ତରାଗ ପୋଛିଦେଇ
ପାହାଡ଼ ଚୂଳରୁ,
ବଜାଏ କାହାଳୀ
ରାତିର ପ୍ରହରୀ,
ଅନ୍ଧାର ଘୋଟି ଆସେ ଜହ୍ନ ବୁଡ଼ିଗଲେ।

ପ୍ରେମ ଅଛି ନିର୍ଜନ ଘାସରେ,
ଫୁଲର ପରାଗ ପାଖେ
ବୋଲି ହୋଇ ସ୍ୱର୍ଣ୍ଣାଭ ରୌଦ୍ରକଣିକାକୁ
ବର୍ଣ୍ଣମୟ ପ୍ରଜାପତି ଆସେ।
ସୁଦୂର ମୁହାଣରେ ବାଲିବନ୍ତ ଡେଇଁ ଡେଇଁ
ସାଗରର ଢେଉ ସବୁ ପଶିଯାନ୍ତି
ଜୁଆର ଜାଗିଲେ।

ପ୍ରେମ ଅଛି ଚଢ଼େଇ ଡେଣାରେ
ଯେଉଁଠି ଓହ୍ଲାଇ ଆସେ ଆକାଶ ବି
ନୀଡ଼ ବାନ୍ଧିବାକୁ
ପଲ୍ଲବକୁ ପଲ୍ଲବରେ ଛନ୍ଦିବାକୁ ସମବେଦନାରେ।

କେହି ଆଜି ପ୍ରାଣ ଦେଇ
ଆଉ ଭଲ ପାଏ ନାହିଁ ବୋଲି
ବିଚ୍ଛେଦରେ ନୀଳ ଦିଶେ ଯମୁନାର ପାଣି।
    କେଉଁ ଏକ ଅଜଣା ଦୂରରେ
    ପଳାନ୍ତି କାନ୍ଦି କାନ୍ଦି ଅନ୍ଧାରରେ
    ଧର୍ଷିତା ରାଜକନ୍ୟାମାନେ
    ଅକସ୍ମାତ୍ ଜହ୍ନ ବୁଡ଼ିଗଲେ।

ଚନ୍ଦନ ବନରେ ଏକା

ମୁଁ ଦିନେ କବିତା ଲେଖିବି,
ଯାହା ମନ୍ତ୍ର ପରି ଉଚ୍ଚାରିତ ହେବ ଘରେ ଘରେ।
ତା ଦେହକୁ ସଜାଇବି
ଅଲୌକିକ ଅକ୍ଷରରେ,
ଯେଉଁଠି ଧରା ଦେବ ନିସର୍ଗ-ପୃଥିବୀ
ଆରକ୍ତ ଧ୍ୱନିମୟତାରେ।
ଘରର ଝରକା-କବାଟ
ଖୋଲା ରଖିବି
ତା ପାଇଁ।
ଅନର୍ଗଳ ଜୋଛନାରେ
ଧୋଇଯିବ ଘରର ଚଟାଣ।
ଆସନରେ ଲେଖିଦେବି ବହୁ ଆଦରରେ
'ଆସ ବସ'- ସୁନାର କାଳିରେ।
ଏସବୁ ତ ତୁଚ୍ଛ କଥା
ସତ ସତ ହୃଦୟରେ ସଜାଇବି
ସୁନା ସିଂହାସନ ତା ଲାଗି।
ତା ଦେହର ସ୍ପର୍ଶ ପାଇଁ
ପ୍ରତିଟି ଲୋମକୂପ ରୋମାଞ୍ଚିତ
ହେବ ସୁନୀଳ ଘୋର ପ୍ରତୀକ୍ଷାରେ।
କବିତା ଆସିଲେ
ବିସ୍ଫୋରଣ ଘଟେ ହୃଦୟରେ।
ଗୋଟିଏ ସାର୍ଥକ ଧାଡ଼ିରେ
ଜ୍ୱଳି ଉଠେ ହୋମାଗ୍ନିର ଶିଖା
ଦପ୍ କରି।

ସେ କାହିଁ ଆସିଲା ନାହିଁ ?
ସ୍ୱପ୍ନରେ ତା ପଦଧ୍ୱନି ଶୁଭେ
ମନ କହେ ସେ ଆସିବ ସନ୍ଧ୍ୟା
ଗାଢ଼ି ଗଲେ,
ଜହ୍ନର ହାତ ଧରି
ପାଦରେ ଚାପି ଚାପି ଝରା ପତରକୁ
ଆସିବ ସେ ।
ମୁଁ ରହେ ଉଜାଗର
ଏକା ଏକା ପ୍ରତୀକ୍ଷାରେ
ତାକୁ ଭେଟିବାକୁ
ନିଛାଟିଆ ଚନ୍ଦନ ବନରେ ।

ପବନ

କାଲି ରାତିର ପବନ ଭାରି ମାତାଲ ଥିଲା,
ନଡ଼ିଆ ଗଛର ଚୁଟିକୁ ବହୁତ ଝିଙ୍କିଛି,
ତାରରେ ଟଙ୍ଗା ଓଦା ଶାଢ଼ିର ପଣତ ଧରି
ଘୋଷାରିଛି କ୍ରମାଗତ ।
ଘଣ୍ଟାକେ ଶହେ ମାଇଲ
ଦୌଡ଼ିଛି ଅଣନିଃଶ୍ୱାସୀ ହୋଇ
ଏ ପବନ ।
ଶେଷକୁ ଅସମ୍ଭବ ପବନ,
ନଈରେ ନାଆ ଓଲଟାଇ,
ଗଛ ଓପାଡ଼ି, ଚାଳ ଉଡ଼ାଇ,
ସବୁ କିଛି ଭାଙ୍ଗିରୁଜି
ଛାରଖାର କରି ଦେଇଛି ।
ଏକାବେଳକେ ଦକ୍ଷ-ଯଜ୍ଞର
ନଟରାଜ ପରି
ଏ ନିର୍ମମ ମାତାଲ୍ ପବନ,
କାଲି ରାତିରେ ପୃଥିବୀର ମଞ୍ଚରେ
ଅଭିନୟ କରୁଥିଲା ।

ପ୍ଲାବନ

ସୁଖ ମରି ଯାଉଛି। ସାନ ବଡ଼ ଖଣ୍ଡିତ ବା ସମ୍ପୂର୍ଣ୍ଣ, ସବୁ ପ୍ରକାରର ସୁଖ। ରାତି କୋକେଇ ବାନ୍ଧି ବସିଛି, ତାକୁ କନ୍ଧେଇ ନେବ ବୋଲି ମଶାଣି ପଦାକୁ। ସାରା ରାତି ଧରି ଫୁସୁର ଫାସର କରୁଛି ବର୍ଷା। ନିର୍ଜନତାର ଛାତି ଚିରି ଦୂରରେ ହଠାତ୍ ବଜ୍ରପାତ ହେଲା। ପୁଣି ନିରନ୍ଧ୍ର ଅନ୍ଧକାର। ସାମ୍‌ନାରେ, ପଛରେ, ବାଁ, ଡାହାଣକୁ-ଚାରିଆଡ଼େ ଦିଗନ୍ତବିସ୍ତୃତ ଅନ୍ଧାର କେବଳ। ଠିକ୍ ଏତିକି ବେଳେ ବଢ଼ିର ଗୋଳି ପାଣି ପଶିଲା ଘାଇ ଭିତରକୁ। ଯେମିତି, ନିଦ୍ରିତ ପ୍ରହରୀର ଅସତର୍କତାର ସୁଯୋଗ ନେଇ ଶତ୍ରୁସେନା ଦୁର୍ଗ ଭିତରକୁ ପଶନ୍ତି। ମେଘ ଉହାଡ଼ରୁ ଜହ୍ନର ଗେହ୍ଲା ମୁହଁ ଆଉ ଦିଶୁ ନାହିଁ।

ଅତଡ଼ା ଖସିବାର ଶବ୍ଦ ଶୁଭୁଛି। ଭାସିଗଲା ବୃଦ୍ଧର ଯଷ୍ଟି, ବୃଦ୍ଧାର ହଳଦୀକାଠୁଆ, ଶିଶୁର କଜଳପାତି। ପ୍ରବଳ ଆବର୍ତ୍ତରେ ତୃଣଖଣ୍ଡ ପରି ନିଶ୍ଚିହ୍ନ ହୋଇଗଲା ମୋର ସ୍ୱପ୍ନର କୈଶୋର। ଚାରିଆଡ଼େ ବିପୁଳ ହାହାକାର। ରଙ୍ଗର ଆକାଶରୁ ଅଜାଡ଼ି ହୋଇ ପଡୁଛି ବର୍ଷା ଅବିରଳ।

ଗୋଟାଏ ଡଙ୍ଗା ପାଇଁ ଭାଳେଣି ପଡ଼ିଛି। ସୁନ୍ଦରା ଫାଟୁ, ରକ୍ତିମ ସୂର୍ଯ୍ୟ ଆସୁ ବସୁ ଚିତ୍ରିତ ମଙ୍ଗରେ ତାହାର।

ପଳାଶ

ପଳାଶ ଫୁଟିଛି,
ଆକାଶର ଚାନ୍ଦୁଆ ତଳେ
ସରମରେ ଲାଲ ହୋଇ
ଗୁଚ୍ଛ ଗୁଚ୍ଛ ଫୁଟିଛି ପଳାଶ।
ପଳାଶର ହାତ ଧରି
ମୁଁ ଆଉ ଏକ ଜହ୍ନ ଆଡ଼କୁ
ଓହ୍ଲାଇ ଗଲି।
ଯେଉଁଠି ଫୁଲଚୁଇଁ ଚଢ଼େଇ ଆସେ
ସନ୍ଧ୍ୟା ହେଲେ ନାଚିବାକୁ,
ଆଉ,
ବୁଢ଼ୀ ଅସୁରୁଣୀର ହାତ ମୁଠାରୁ
ଖସି ପଳାଏ ରାଜପୁତ୍ର
ଅଗ୍ନାଅଗ୍ନି ବନସ୍ତ ଭିତରକୁ।
ପଳାଶ ସାଜିଛି
ଫଗୁଆରୁ ଚୋରି କରି ଯାବତ ସିନ୍ଦୂର,
ସାଜିଛି ପଳାଶ।
ରାତିର ଜହ୍ନ ଦେଖେ ବନସ୍ତରେ ଲାଗିଛି ନିଆଁ,
ହୁ-ହୁ ହୋଇ ଜଳୁଛି ସମସ୍ତ ସବୁଜ।
ରକ୍ତିମ ନିଆଁ ଜାଳି
ପୋଡ଼ି ଦେଇ ଚରାଚର
ପଳାଶ ହସୁଛି।

ବିଦାୟ

ବିଦାୟ ଦୀର୍ଘଶ୍ୱାସ,
ସକାଳର ବାସି ପାଉଁରୁଟି,
ବିଦାୟ ବିସ୍ୱାଦ ଚା,
ଛକପାଖ ଅନ୍ଧ ଭିକାରୁଣୀ ।
ବିଦାୟ ରବର୍ ବଲ, ରଙ୍ଗିନ୍ ବେଲୁନ୍,
ହାୱା ପେଁକାଳି,
ବିଦାୟ ଚାନ୍ଦିନୀଚୌକ୍ କଟକ-ଚାଟ୍,
ପାର୍କରେ ଶେଷ ଲୁଚକାଳି ।
ବିଦାୟ କାଶତଣ୍ଡି, ଛିଣ୍ଡା ମେଘ,
ମୁଠାଏ ଗଙ୍ଗଶିଉଳି,
ବିଦାୟ ଶଙ୍ଖଚିଲ,
ବିଦାୟ, କାଠଯୋଡ଼ିର ଧଳା ସରୁବାଲି ।
ବିଦାୟ ଆଖିର ଲୁହ,
ରୁଦ୍ଧ-କଣ୍ଠ କବିତା ପାଠ,
ବିଦାୟ ଟାଉନ୍‌ବସ୍,
ଶୀତାର୍ତ୍ତ ମଉଳା ବଙ୍କା ଜହ୍ନ ।
ବିଦାୟ ମହାନଦୀ
ବୁରୁଜରେ ରକ୍ତାଭ ସୂର୍ଯ୍ୟାସ୍ତ,
ବିଦାୟ ଦର୍ପଣର ଛାଇ,
ବିଦାୟ ଦଗ୍ଧ ଜୀର୍ଣ୍ଣ ଦିନ ।
ବିଦାୟ ବାଳକୃଷ୍ଣ,ବିଦାୟ କରୁଣ ଓଡ଼ିଶୀ,
ବାଲିଯାତ୍ରା ପଡ଼ିଆର ଭଙ୍ଗା ବାରବାଟୀ
ବିଦାୟ, ବିଦାୟ ।

କଲ୍‌କୀ

ଜହ୍ନ ଆଜି ଆକାଶରେ ନାହିଁ,
ପଡ଼ି ରହେ ଏକା ଏକା ନଗ୍ନ ବେଳାଭୂଇଁ,
ନିଃସଙ୍ଗତାର ହାତ ଧରି
ଚାଲି ଚାଲି ଯିବି କେତେ ଦୂର,
ଗୁଡ଼କଙ୍କ ପରି ଆଉ କେତେକାଳ
ଗଡ଼ି ଗଡ଼ି ମାପିବି ସୈକତ ?

ଏକଦା ମନେ ଅଛି ସବୁ କିଛି ଥିଲା ଭରପୂର,
ଯଶ ଆଉ ପ୍ରତିପତ୍ତି, ବିତ୍ତ ସୁପ୍ରଚୁର,
ଅର୍ଥ ଥିଲା, ସୁଖ ଥିଲା, ସମ୍ମାନ ବି ମାତ୍ରାରେ
ଅମାପ,
ସମ୍ଭୋଗରେ ମିଶିଥିଲା ।

ଆଜି କିନ୍ତୁ ସବୁଥିରେ
ନପୁଂସକ ବୈଚିତ୍ର୍ୟହୀନତା,
ଲେଖା ନାହିଁ କାହାରି ଠିକଣା
ଚୈତ୍ରର ଝରା ପତରରେ ।
ବର୍ଣ୍ଣହୀନ ପ୍ରୌଢ଼ତ୍ୱର
ନିସ୍ତରଙ୍ଗ ହ୍ରଦରେ ଜୁଆର
ଆଉ ଆସେ ନାହିଁ ।

ଦ୍ରୁତ ନୁହେଁ ତଥାପି ଅମୋଘ,
ଘୋଡ଼ାର ଟାପୁରେ ବୁଣି
ଲାଲି ଧୂଳି ସୂର୍ଯ୍ୟାସ୍ତ ରଙ୍ଗର
ଅନାଗତ ହ୍ରେଷା ଧ୍ୱନି ?
ପାରୁଛ କି ଶୁଣି ?

ଆସୁଛି ସେ, ଆସୁଅଛି ପୁଣି,
ଆସୁଅଛି ହାତେ ଧରି
ଉନ୍ମୁକ୍ତ ତୀକ୍ଷ୍ଣ ତରବାରୀ,
ଖଣ୍ଡ ଖଣ୍ଡ କରି
କାଟିବାକୁ କ୍ଳେଦାକ୍ତ ମେଦିନୀ,
ଆସୁଛି ସେ, ଆସୁଅଛି ପୁଣି ।
          ଦିନେ ସବୁ ସରିଯିବ,
          ମଞ୍ଚରେ ପଡ଼ିଯିବ ଶେଷ ଯବନିକା,
          କଣ ଲାଭ କହ ଭଲା
          ମିଛ, ମିଛ ବେଳ ମାପି
          ନିରର୍ଥକ ଦିନ ଯାପନରେ ?

ପାଇନ୍

ସେ ମୋ ଲାଗି ଦୀର୍ଘ ଦିନ
ପ୍ରତୀକ୍ଷା କରିଛି
ଗୋଧୂଳିରେ ବିସ୍ରସ୍ତ ଛାଇ ବିଛେଇ
ଖାସ୍ ମୋ ପାଇଁ ।
ମୋ ଲାଗି ସେ ଅପେକ୍ଷା
କରିଛି ବହୁ କାଳ,
ରୌଦ୍ରଦଗ୍ଧ ଦ୍ୱିପ୍ରହରେ
ଘୋଡ଼ାଇ ଦେବାକୁ ମୋତେ
ନିବିଡ଼ କରି ତା'
ଛାଇ-ଆଲୁଅର ଚଦରରେ ।
ଜଳ-ବର୍ଷା ମେଘ ଦାଉରୁ
ମୋତେ ବଞ୍ଚାଇବ ବୋଲି
ତା ଶରୀରକୁ ନିବୁଜ କରି
ଛତା ହୋଇ ମେଲି ଧରିଛି
ମୋ ମୁଣ୍ଡ ଉପରେ କେତେ ଥର ।
ସକାଳେ, ଖରାବେଳେ,
କିମ୍ବା ଶୂନ୍‌ଶାନ୍ ରାତିରେ,
ଗାଈଆଳ ଟୋକାର ବଂଶ ଶୁଣି
ଡାଳ ହଲାଇ ହଲାଇ
ବେତାଳିଆ ଥେଇ ଥେଇ
ନାଚିଛି ପାଗଳୀ ପରି,
ଖାଲି ମୋତେ ନାଚ
ଦେଖାଇବ ବୋଲି ।

ଅନେକ ବର୍ଷ ବିତିଲାଣି,
କେତେ ବର୍ଷା, ଶରତ ଆଉ ଗ୍ରୀଷ୍ମ
ଛୁଇଁ ଗଲେଣି ତା ଜୀର୍ଣ୍ଣ ଦେହକୁ,
ସେ କିନ୍ତୁ ଠିଆ ହୋଇ ରହିଛି
ପାହାଡ଼ ସାନୁରେ ସ୍ଥାଣୁ ପରି
ମୋ ବାଟକୁ ଅନାଇ ଅନାଇ
ଆଜି ବି,
ପବନରେ ତାର ଦୀର୍ଘଶ୍ୱାସ
ଭାସି ଆସୁଛି
ଏତେ ଦୂରଯାଏ।

ଫାଣ୍ଟମ୍

ଫାଣ୍ଟମ ଆସିଛନ୍ତି ସହରକୁ,
ରାସ୍ତାରେ କୁକୁର 'ଡେଭିଲ୍'ର ଚିତ୍କାର ଶୁଭୁଛି।
ସହରକୁ ପଶି ଆସିଛି ଆଦିମ ଅରଣ୍ୟ।
ହୋଟେଲର କୋଠରିରେ
ଜଳଦସ୍ୟୁମାନେ
ଅବଳା ନାରୀମାନଙ୍କୁ
ପଣ-ବନ୍ଦୀ ରଖିଛନ୍ତି
ସେମାନଙ୍କ କ୍ରନ୍ଦନ ଧ୍ୱନି ଭାସି ଆସୁଛି।
ସେ ଆଗେଇ ଆସୁଛନ୍ତି କ୍ରମଶଃ
ଠକ୍, ଠକ୍, ଠକ୍ ତାଙ୍କ ଜୋତା
ଶବ୍ଦରେ ପ୍ରତିଧ୍ୱନି ତୋଳି
ସହରକୁ ଫାଣ୍ଟମ୍ ଆସିଛନ୍ତି।
ନିବିଡ଼ ଜଙ୍ଗଲ ଆଉ 'କିଲାଉଇ'ର
ସ୍ୱର୍ଣ୍ଣ ବାଲୁକା ଭେଦ କରି,
ନିଛାଟିଆ ଉପତ୍ୟକାରେ ଧୂଳିର ଝଡ଼
ଉଡ଼ାଇ ଘୋଡ଼ା 'ହୀରୋ' ଦୌଡୁଛି କ୍ରମାଗତ,
ବାମନ ବସ୍ତିକୁ ଡେଇଁ
ଫାଣ୍ଟମ୍‌ଙ୍କୁ ଭେଟିବ ବୋଲି
ତା ନାକରୁ ବାହାରୁଛି ଗରମ ନିଃଶ୍ୱାସ।
ସ୍ୱର୍ଣ୍ଣଲୋଭୀ ସଇତାନମାନେ
ସାବଧାନ,
ତୁମେ ସବୁ ସୁନ୍ଦରୀ 'ଡାୟାନା'କୁ ଲୁଚାଇ ରଖି
ପାରିବନି ଆଉ।

ସେ ଆସୁଛନ୍ତି
ତାଙ୍କ ବଜ୍ରମୁଷ୍ଟିରେ ଅମିତ ଶକ୍ତି
ଭରି,
ସବୁ କଳୁଷ ନାଶ କରିବାର ସଂକଳ୍ପ ନେଇ।

ପାକୁଆ ବୁଢ଼ା 'ମଜ'କୁ ଏଥର
ଜହ୍ନ ଆଲୁଅରେ ବସି
ନୂଆ ଗପ ଫାନ୍ଦିବାକୁ ପଡ଼ିବ।

୦୦

ତୁମ ଓଠରୁ ସବୁ ଧୂଳି
ପୋଛି ଦେବି।
କିଛି ଦୂରତ୍ୱ
ଆଉ କିଛି ବିସ୍ମରଣର ମାଳିନ୍ୟ।

ତୁମ ଓଠକୁ ପାଂଶୁଳ କରିଛି
ସମୟ।
ସେ ସବୁ ବିଗତ ବର୍ଷମାନଙ୍କୁ
ଫାଶୀଖୁଣ୍ଟରେ ଟାଙ୍ଗି ଦେବି।
ଗୋଟିକ ପରେ ଗୋଟିଏ।

ତୁମ ଦେହରୁ ଉତ୍ସାରିତ
ଧୂପର ବାସ୍ନାକୁ
ମୁଠାଇ ନେବି ଦୁଇ ହାତରେ
ତୁମ ଆଖି, ଭ୍ରୂଲତା ଆଉ ପାପୁଲିକୁ
କୋମଳ କୋରକ ପରି
ଯତ୍ନରେ ସଜାଇ ରଖିବି
ସ୍ମୃତିର ଫୁଲଦାନିରେ।

ତୁମ ଓଠରେ ଲାଗିଛି
ଗୋଧୂଳିର ମ୍ଳାନ ଛାଇ,
ଅନ୍ଧାର ପରି ଅଲରା ବାଳକୁ
ଚୂର୍ଣ୍ଣ ଜୋଛନାରେ ଧୋଇ ଦେବି,
ମୁହଁରୁ ବୟସର ବୁଢ଼ିଆଣୀ ଜାଲ
ପୋଛି ଦେବି ପ୍ରଗାଢ଼ ରୁମାଲରେ।

ଦର ଆଉଜା ଓଠର କବାଟ
ଖୋଲି
ତୁମେ ଈଷତ୍ ହସିବ
ସେତେବେଳେ,
ନୀଳ ବିଷାଦକୁ ଭୁଲିଯାଇ।

ମୃତ୍ୟୁ

ମୋ ଘରର ଝରକାକୁ
ମୃତ୍ୟୁ ଜଗିଅଛି ।
ଦୋମହଲା ପାହାଚରୁ
ଝୁଲୁଅଛି ମୃତ୍ୟୁର
ପିଚ୍ଛିଳ ଆମନ୍ତ୍ରଣ ।

ମର୍ମର ଚଟାଣ ଉପରେ
ମୃତ୍ୟୁ ବସି ରହେ
ପ୍ରତୀକ୍ଷାରେ ଚୁପ୍‌ଚାପ୍
ଗାଧୁଆ ଘରର ।

ହ୍ରଦର ନୀଳିମାରେ ବାଜେ
ମୃତ୍ୟୁର ଲଳିତ ରାଗିଣୀ,
ଭୟଙ୍କର ମନୋହର
ନୀଚ୍ଛ ଜଳରାଶି,
ଆଶ୍ଳେଷରେ ଭିଡ଼ି ନେବ ବୋଲି ।

ମୃତ୍ୟୁ ଏକ ଚାକବାଲା
ମଣିଷର ଜଙ୍ଗଲରେ
ମୋ ଠିକଣା
ଠିକ୍ ଖୋଜିନେବ ।

ମୁଁ ଯଦି କ୍ରମାଗତ ଘର ବଦଳାଏ,
କିମ୍ବା ମୋ ଘରର
କବାଟରେ ଟାଙ୍ଗିଦିଏ
ଆଉ କାହା ଘରର ନମ୍ବର ?
        ତଥାପି ସେ ଆଣିଦେବ
        ଧୂସର ଲିପିରେ ଲେଖା
        ଅନ୍ତିମ ପରୱାନା
        ପରମ ଯତ୍ନରେ ।

ମଣିଷ

ସେଦିନ ମଣିଷ ଖୋଜିବା କଥା
ପଡ଼ିଥିବା ଭିତରେ ଆମର।

ଶାଗୁଆ ଧାନକ୍ଷେତ ଆଉ
ପାଉଁଶିଆ ପାହାଡ଼ ଢାଲୁରେ
ସେ ଯେଉଁ ସାନ କୁଡ଼ିଆଟି,
ତାରି ପିଣ୍ଡାରେ ସେ ମଣିଷ
ମେରୁଦଣ୍ଡ ସଳଖି ଠିଆ ହୁଏ
ସେଭଳି ମଣିଷ
ଦୁର୍ଲଭ ଆଜିକାଲି।

ଯିଏ ଆଚାର ବୋତଲରୁ
କାଢ଼ିଆଣେ ସତତା, ଚରିତ୍ରବତ୍ତା
ଇତ୍ୟାଦି ଯାବତ୍ ସଦ୍‌ଗୁଣ
ବ୍ୟବହାର କରିବ ବୋଲି।
ଆଉ,
ଅକାତରେ ଭଳିଦିଏ ବାଚାଳତା, ମିଥ୍ୟାଚାର,
ବ୍ୟଭିଚାର ମୁହୂର୍ତ୍ତମାନଙ୍କୁ
ସେହି ସବୁ ଖାଲି ବୋତଲରେ।

ଏହି ସବୁ ଚିରୁଡା ମଣିଷଙ୍କ
ମରୁଡ଼ି ଭୟଙ୍କର ଆଜିକାଲି ।
ଗର୍ବିତ ପବନରେ ଶଠ ଆଉ ଧପ୍ପାବାଜ
ମଣିଷଙ୍କ ମଧ୍ୟବିତ୍ତ କୋଳାହଳ ଶୁଭେ ।

ସିଂହାସନରୁ ଦୂରରେ
ଚାଟୁକାର ଭିଡ଼ରୁ ନିଜକୁ ବଞ୍ଚାଇ
ସେ ମଣିଷ ତୃପ୍ତି ପାଏ
ଶାଗ ଆଉ ବାସୀ ପଖାଳରେ ।

ସ୍ୱପ୍ନଭଙ୍ଗ

ସ୍ୱପ୍ନ ଭାଙ୍ଗିଗଲ,
ସୌଖୀନ ଚାହା କପ୍ ପରି।
ଏସବୁ ସ୍ପର୍ଶକାତର ସ୍ୱପ୍ନମାନଙ୍କୁ
ବଞ୍ଚାଇ ରଖିବା ବଡ଼ କଷ୍ଟକର।

ସୁନେଲୀ ସ୍ୱପ୍ନର ବୋଇତରେ ବସି
ମୁଁ ଚାଲିଯାଏ ମୋ ପିଲାଦିନୁ।
କାଶତଣ୍ଡୀ, ଛିଣ୍ଡାମେଘ, ପ୍ରଜାପତି
ଆଉ ଶଙ୍ଖଚିଲର ଚିତ୍କାରରେ ଆକାର୍ଣ୍ଣ

ଉଡ଼ନ୍ତା କଙ୍କିର ଡେଣାରୁ
ଖସି ପଡ଼େ ପିଚ୍ଛିଳ ଖରା,
କୈଶୋରର ଲାଲିଟ୍ରେନ୍ ଦୌଡ଼ିଯାଏ ଦିଗନ୍ତ ଆଡ଼କୁ
ବୁଢ଼ୀ ଅସୁରୁଣୀ ଆଉ ରଜାପୁଅର
ଦେହର ବାସ୍ନାରେ ଜଡ୍ଡୁବୁଡ୍ଡୁ
ସନ୍ଧ୍ୟା ଘୋଟି ଆସେ,
ସୁତୀବ୍ର ଆଶାତୀତ ଛାଇମାନଙ୍କର
ଦୀର୍ଘଶ୍ୱାସ ପରି
ରହି ରହି ପବନ ବହେ।
ଗହଳିଆ ବାଉଁଶ ବୁଦାରୁ
କେହି ଜଣେ କାନ୍ଦି ଉଠେ କଇଁ କଇଁ କରି।

ସୁଖ ସବୁ ବୁଢ଼ଶ ହୋଇଗଲେ,
ଦେହରେ ମୋ ଶୀତ ଋତୁ
ପ୍ରବେଶିଲା ପରି ମନେ ହୁଏ।
ତା ଚିହ୍ନସବୁ ଫୁଟି ଉଠେ ହାଡ଼-ପଞ୍ଜରାରେ।
ଭାଙ୍ଗିଯାଏ ଧୂଳି ଘର
ଧୂସର ସନ୍ଧ୍ୟାରେ।
ହଜିଯାଏ ନୀଳ ପେଁକାଳି,
ଫାଟିଯାଏ ନାଲିଆ ବେଲୁନ୍,
ମହୁ ଆଉ ରହେ ନାହିଁ
ଫୁଲ ଶରୀରରେ।
କେବଳ ପାଣ୍ଡୁର ଏକ ପୋକଖିଆ ଜହ୍ନ
ଲାଖିଥାଏ ଆକାଶ ଦେହରେ।

ଗୋଲାପ ସୁନ୍ଦରୀ

ସବୁ ମହୁମାଛିଙ୍କ ଖବର ଦିଅ
ମୁଁ ଫୁଟିଛି ।
ପ୍ରତିଟି ପ୍ରଜାପତିଙ୍କି କହି ଦିଅ
ମୋ ପରାଗ ଭିନ୍ନ ଅନ୍ୟ କାହା
ପରାଗ ନ ଛୁଇଁବାକୁ - ସାବଧାନ !
ଆଉ ହଁ, ଫୁଲଚୁଇଁ ଚଢ଼େଇ ବି
ଆସୁ ମୋ ମହୁ ଚାଖିବାକୁ ।
ମେଘକୁ କୁହ ବର୍ଷିବାକୁ
ଖୁବ୍, ଧୀରେ
ନୋହିଲେ ମୋ ପାଖୁଡ଼ା ସବୁ
ନୁସୁଡ଼ି ପଡ଼ିବ ପରା !
ସବୁ ମାଳୀଙ୍କି ଡାକି ତାଗିଦ୍ କର
ସେମାନେ ତାଙ୍କ ଫୁଲଝାରି
ମରାମତ କରନ୍ତୁ ଭଲକରି,
ଭୁସ୍‌ଭାସ୍ ପାଣି ଅଜାଡ଼ି
ମୋତେ ହନ୍ତସନ୍ତ ନ କରନ୍ତୁ ଜମା ।
ଖରା ଟିକିଏ ମଉଳି ଯାଉ,
ଚିକ୍‌କଣ ପାଖୁଡ଼ା ଥରାଇ
ମୁଁ ହସିବି ମନ ଖୋଲି,
ମୁଁ ଜାଣିଛି ମଳୟ ଆସିବାକୁ
ଆଉ ବେଶୀ ଡେରି ନାହିଁ ।

ଗଛ

ମୁଁ ଗୋଟାଏ ନିଷ୍ପତ୍ର ଥୁଣ୍ଟା ଗଛ,
ଠିଆ ହୋଇଛି ହାତ ଟେକି ଦିଗନ୍ତ ଆଡ଼କୁ।
ମୋ ଡାଳରେ ଚଢ଼େଇ ଆଉ ବସା ବାନ୍ଧିବେନି,
ମୋର ସମସ୍ତ ଚେର ହୁଗୁଳି ଆସୁଛି,
ମାଟିରୁ କ୍ରମଶଃ।
ମୋ ହାଡ଼ରେ ଶୀତ ଋତୁ
ପ୍ରବେଶ କରିଛି,
ମଜ୍ଜାରେ ମୋ ବାନ୍ଧିଛି ଘର
କାକର ଓ କୁହୁଡ଼ି।
କେହି ଆଉ ମୋ ଛାଲରେ
ଗାମୁଛା ଉଡ଼ାଇ ଝାଳ ମାରିବେନି,
କିମ୍ବା ଛତା ପରି ମୋତେ ଆବୋରିବେନି
ବର୍ଷା ଦାଉରୁ ବଞ୍ଚିବାକୁ
କୌଣସି ପଥଚାରୀ।
ମୁଁ ଏକ ମୂର୍ତ୍ତ ପିପାସା ପରି ଡାଳ ମେଲି
ଦେଇଛି ମହାଶୂନ୍ୟକୁ।
ମାଧ୍ୟାକର୍ଷଣ, ମମତା ଆଉ ଈର୍ଷା ପରି
ନିବିଡ଼ ସମ୍ପର୍କକୁ ଭୁଲି,
ତୋଫାନ, ଘଡ଼ଘଡ଼ି ବର୍ଷା ପ୍ରଭୃତି
ଯାବତ୍ ଯନ୍ତ୍ରଣାକୁ ଆଦରି ନେଇ
ମୁଁ କଚାଡ଼ଇ ହୋଇ ପଡ଼ିବି
ନିଷ୍ଠୁର ଭୂଇଁରେ ଅଚାନକ,
ଚିତ୍‌ପଟାଙ୍ଗ୍ ହୋଇ।

ସ୍ୱର୍ଣ୍ଣ ଦିନ-ଲିପି

ଏ ଏକ ପୂର୍ଣ୍ଣତାର କାହାଣୀ,
ବିକଶିତ ହୋଇ ଉଠିବାର ପ୍ରକ୍ରିୟା।
ଯେମିତି ଗୋଟାଏ ଗଛ
ଅଚାନକ ଦିନେ ଏକ
ବିଶାଳ ଫୁଲ ତୋଡ଼ାରେ
ପରିଣତ ହୁଏ।

ଏ ସେହି ମାୟାବୀ ସକାଳର
ଗଳ୍ପ,
ଯେଉଁଠି ନିଃସୀମ ଯନ୍ତ୍ରଣା ବି
ପାଲଟିଯାଏ ତୀବ୍ରତମ ଆନନ୍ଦରେ।
ଦଗ୍ଧ ଦିନ-ଲିପି ଭିତରୁ ଫୁଟି ଉଠେ
ଅଲୌକିକ ପ୍ରାପ୍ତିର ଅସ୍ୱାଦ।

ଆଜି କାଲି ଗପ ନାହିଁ
ଗପ ଭିତରେ।
ବହିର ଦୁଇ ମଲାଟ ମଝିରେ
ପୃଷ୍ଠାସବୁ ଶୋଇଥାନ୍ତି
ଜାକିଜୁକି ହୋଇ ସମ୍ମୋହିତ ନିଶ୍ଚେତନାରେ।
ଏହି ସବୁ ପୃଷ୍ଠାମାନଙ୍କୁ ଉଜ୍ଜୀବିତ କରି
ପ୍ରାପ୍ତିର ରସାୟନରେ ବତୁରେଇ
ଜୀବନ୍ୟାସ ଦେବାକୁ ହେବ
ଆଜିର ଏ ସାର୍ଥକ ସକାଳରେ।

ଯେଉଁ ବ୍ୟଥା ହୃଦୟକୁ ଦାନ୍ତରେ ଛିଣ୍ଡାଏ,
ଅଥବା,
ଫାଳ ଫାଳ କରି କାଟେ
ତୀକ୍ଷ୍ଣ କରତରେ ।

ସେହି ସବୁ ଯନ୍ତ୍ରଣାର କୀଟମାନଙ୍କୁ
ଅପ୍ରାପ୍ତିର ଖତଗଦା ଭିତରେ
ପୋତି ଦେଇ
ଜାଲ-ମୁକ୍ତ ଉଜ୍ଜ୍ୱଳ ମାଛ ପରି
ମୁଁ ପହଁରିବି ଜୀବନର ମଝି ଜୁଆରରେ ।

ପ୍ରାପ୍ତି

ଅନଳେ ରଖିଲି ହାତ,
ପୋଡ଼ିଗଲା ଦୁଇ କରତଳ।
ଆଖିରେ ରଖିଲି ଆଖି,
ନେଶିଗଲା ଆଖିର କଜଳ।

ଓଠରେ ରଖିଲି ଓଠ,
ପୋଛିଗଲା କଥାର ମୁରୁଜ,
ଛାତିରେ ରଖିଲି ଛାତି,
ଭାଙ୍ଗିଗଲା ଛାତିର ବୁରୁଜ।

ଉଡ଼ିଗଲେ ଶୂକ-ସାରୀ,
ଶୂନ୍‌ଶାନ୍ ହୃଦୟ ପିଞ୍ଜରା,
ଦେହରେ ମିଶିଲା ଦେହ,
ଅଶ୍ଳେଷରେ ପୂରିଗଲା
ସବୁ ଗାଢ଼,
ସବୁ ଅପନ୍ତରା
ଚରାଚରେ ବ୍ୟାପିଗଲା
ଅନଳେ ଅନଳ।

ଉତ୍ତରାଧିକାର

କ'ଣ ରଖିଯିବି
ଚନ୍ଦନ କାଠର ବାକ୍ସ,
ନୀଳ ଫୁଲଦାନି
ନିରୀହ ମୋ ଆତ୍ମକଥା
ପ୍ରବଞ୍ଚନାଭରା,
କିମ୍ବା କାରୁକାର୍ଯ୍ୟ
ହାତୀଦାନ୍ତେ ଗଢ଼ା ?

ପୋକ-ଖିଆ ଶାଲ୍,
ଭଙ୍ଗା ଆଲମାରୀ, କ'ଣ ହେବ ?
ଦଦରା କାନ୍ଥରେ ଦିଶେ ଅଶ୍ୱତ୍ଥ ଚାରା,
ଦେଇଯିବି କିଛି ଅହଂକାର, ଅଭିମାନ,

ପରମ ଯତ୍ନରେ ?
କଣ ନେବୁ କହୁନୁ କାହିଁକି ?
ଜୀବନର ନଳଛବି
ସେ ତ ଲିଭିଯିବ,
ସୁତୀବ୍ର ଅନୁରାଗ
ସେ ବି ମଉଳିବ ।
କହୁନୁ କାହିଁକି, କ'ଣ ନେବୁ ବୋଲି ?

ବନ୍ଧୁଙ୍କ ତୁଳନାରେ ମୋ ଜୀବନ

ଫିକା ପଡ଼ିଯାଏ,
ପାହାଚ ପାହାଚ ହୋଇ ସାଫଲ୍ୟର ସିଡ଼ି
କ୍ରମାଗତ ଲମ୍ବିଅଛି ଉର୍ଦ୍ଧ୍ୱକୁ କେବଳ।
ସେମାନେ ସେ ସବୁକୁ
ଟପିଛନ୍ତି ଖୁବ୍ ସହଜରେ।
ଯଦିଓ ମୁଁ ପରିଶ୍ରମୀ,
ନିଷ୍ଠାରେ ମୋ ଏକାନ୍ତ ଅଭାବ,
ସାପ-ସିଡ଼ି ଖେଳରେ ମୁଁ
ଓହ୍ଲାଇ ଆସିଛି ଖାଲି
ସାପର ଲାଙ୍ଗୁଡ଼ ଧରି,
ପ୍ରଥମ ଛକରେ।

ଦେଇଗଲି କେତୋଟି କବିତା,
ରକ୍ତର ଅକ୍ଷରେ ଲେଖା
ଅନ୍ତରଙ୍ଗ ମୁହୂର୍ତ୍ତ ଯେତେକ।
ନିରୁତା ସେ ଅନୁଭୂତି
ଅନ୍ଧାରରେ ଜଳୁଥିବ
ସ୍ନିଗ୍ଧ ଦୀପଶିଖା।

ଧୂଳି ଜମେ ଚଷମା କାଚରେ
ତୁ କ'ଣ ପାରିବୁ ପୋଛି
ଯତ୍ନ କରି ମଖମଲ କନାରେ
ସେହି ଧୂଳି, ସେହି ଆବର୍ଜନା ?

ପ୍ରତ୍ୟାବର୍ତ୍ତନ

ମୁଁ ପୁଣି ଆସିବି ଫେରି
ଘୋର ବର୍ଷାରେ।
ଯେତେବେଳେ ବାଟ-ଘାଟ
ଏକାକାର କାଦୁଅ-ପଙ୍କରେ,
ଯେତେବେଳେ ସୁଅ ଛୁଟେ
କଲ୍ଲୋଳିନୀ ନାଳ-ନର୍ଦ୍ଦମାରେ।
ମୁଁ ଆସିବି ଫେରି ଫେରି
ଗଡ଼ିଗଡ଼ି ଗଡ଼ଗଡ଼ିଆରେ।
ମହାନଦୀ ସନ୍ଧ୍ୟାକୋଳେ
ଭାଙ୍ଗୁଛି ଅଳସ।
ଶୀତର ପହଡ଼ ସାରି
ନଈପଠା କାଶତଣ୍ଡୀ
ଅଚାନକ ଚେଇଁ ଉଠେ
ମଙ୍ଗଳ ଆଳତି ଶୁଣି
କଟକ ଚଣ୍ଡୀରେ।
ଜହ୍ନର ନିୟନ୍ ଜାଳି
ସତୀ ଚଉରାରେ,
କଟକ ସହର ସାଳେ
ନାଇଲନ୍ ଫୁଲ ଖୋସି
ଜଟିଳ ଗଭାରେ।

ମୁଁ ଯଦି ଆସିବି ଫେରି
ଖାଇବାକୁ ଦହିବରା,
ଆଳୁଦମ୍, ପାର୍କ ସାମ୍ନାରେ।
କାଗଜ-ଗୋଟାଳି ଭିଡ଼,
ବରଯାତ୍ରୀ ପଟୁଆର,
ମଟର ଗାଡ଼ିର ଭେଁ,
ମାରବାଡ଼ି ପଟ ଷଣ୍ଢ
ନିଶ୍ଚିନ୍ତ ରାମନ୍ଦନରେ।
ସବୁକୁ ଉପେକ୍ଷା କରି
ବିଶେଷ ବୁଲା କୁକୁରଙ୍କୁ,
ମାଇଚିଆ ଭିଡ଼ ଠେଲି,
ଟାଉନ୍ ବସ୍‌ରେ ବସି
ସିଧା ଯାଇ ପହଞ୍ଚିବି
ବାଦାମ ବାଡ଼ିରେ।
ଭଲପାଇ ଥିଲି ବୋଲି
ଆପଣାର ନିବିଡ଼ ରକ୍ତରେ, କଟକକୁ
କାଠଯୋଡ଼ି କୂଳେ କୂଳେ
ଆଜି ବି ଫୁଟୁଛି ବଉଳ।
ନଈ ବନ୍ଧ କଡ଼େ କଡ଼େ
ଜଗି ରହେ ବାଇମୁଣ୍ଡି,
ପେନ୍ଥା ପେନ୍ଥା ଧବଳ ଟଗର
ରକ୍ଷା କରେ ଶେଷ ତୀରନ୍ଦାଜ।

ରବୀନ୍ଦ୍ରନାଥ

ପୃଥିବୀର ଯେଉଁଠି ସୂର୍ଯ୍ୟାଲୋକ
ଆପଣ ସେଠି ଆସି ଠିଆ ହୁଅନ୍ତି,
ସୂର୍ଯ୍ୟକୁ ଆଢୁଆଳ କରି,
ବିରାଟ ମହୀରୁହ ପରି
ଓହଳ ସବୁ ଲମ୍ବାଇଦେଇ
ଭୂଇଁକୁ ।

ପୃଥିବୀର ଯେଉଁଠି ଜହ୍ନର ଆଲୁଅ
ଆସି ପଡ଼େ,
ସେଠି ଆପଣଙ୍କ ଆରାମ ଚୌକି
ଆଗରୁ ଥୋଇଛନ୍ତି ଆପଣ,
ହାତରେ ମଲ୍ଲୀମାଳ ଗୁରେଇ ।

ଆଉ,
କବିତା, ସାହିତ୍ୟ, ଈଶ୍ୱର ପ୍ରଭୃତି
ଯାବତୀୟ ବିଷୟରେ ଆପଣଙ୍କ ଶାଣିତ
ସବୁ କରି
ଯାହାକୁ ଏବେବି ଲୋକେ ଉଦ୍ଧାର
କରୁଛନ୍ତି ଅନବରତ ।
ଜନ୍ମ-ମୃତ୍ୟୁ-ବିବାହର
ପ୍ରଧାନ ଋତ୍ୱିକ ତ ଆପଣ ।
ବେଳେବେଳେ ଆପଣ ଗୀତ ବି
ବୋଲନ୍ତି,
ଅନୁନାସିକ ନାରୀର କଣ୍ଠରେ,

ଶୁଭ୍ର ବାଢ଼ି ଆନ୍ଦୋଳିତ କରି।
ସବୁ ଗଜରା ମାଳ ଆପଣଙ୍କ
ବେକରେ କାହିଁକି ?
ମୋଠୁଁ ଆଗରୁ
ପୃଥିବୀକୁ ଆସିଛନ୍ତି
ଏହି ଅଧିକାରରେ କେବଳ ?
ସମଗ୍ର ଋତୁ ଚକ୍ରକୁ ପରିକ୍ରମା କରି
ଗ୍ରୀଷ୍ମ, ବର୍ଷା, ଶରତ, ହେମନ୍ତ, ଶୀତ
ଆଉ ବସନ୍ତକୁ ଛୁଇଁଛନ୍ତି
ପରମ ମମତାରେ ଆପଣ।

ଯେତେବେଳେ ମୁଁ ଲେଖିବସେ
ଆପଣଙ୍କ ଅଲୌକିକ ଉପସ୍ଥିତ
ମୋତେ ଚମକାଇ ଦିଏ।
ମୋ ପଛରେ ଗୋଡ଼ାଏ
ଆପଣଙ୍କ ଛାଇ କ୍ରମାଗତ।
ମୋ ଚୌକି ଆପଣ ମାଡ଼ି ବସିଛନ୍ତି
କାହିଁକି ? ଉଠନ୍ତୁ।

ଦୟାକରି ମୋତେ ମୁକ୍ତି ଦିଅନ୍ତୁ,
ସିନ୍ଦବାଦ ଗପର ବୁଢ଼ା ପରି
ମୋ କାନ୍ଧରେ ଆଉ ସବାର ହୁଅନ୍ତିନି।

ମୋତେ ଲେଖିବାକୁ ଦିଅନ୍ତୁ
ମୋ ପରି,
ଆପଣ ଦଣ୍ଡେ ବାରଣ୍ଡାରେ
ଅପେକ୍ଷା କରନ୍ତୁ ତ,
ମୋର ସନିର୍ବନ୍ଧ ଅନୁରୋଧ ଏତିକି।

ମୁଁ ଲେଖିସାରେ
ଆପଣ ପୁଣି ଆସିବେ
ସ୍ୱଚ୍ଛନ୍ଦରେ ଏ ଘରକୁ।

ଶେଷ ଅଶ୍ୱାରୋହୀ

ସବୁ କିଛି ଭାଙ୍ଗିଯାଏ
ଝଣ୍ ଝଣ୍ ଶବ୍ଦ କରି
ହୃଦୟର ଉପକଣ୍ଠ
ଭରିଯାଏ ମୁନିଆଁ କାଚରେ।
ଖସି ପଡ଼େ ହାତରୁ ଲଗାମ
ଭଗ୍ନ-ଜାନୁ ଅଶ୍ୱାରୋହୀ
ରଣ କ୍ଳାନ୍ତ ହୋଇ
ଫେରି ଆସେ।

ରଥର ଘର୍ଘର ଧ୍ୱନି,
ଅଶ୍ୱର ହ୍ରେଷା ଆଉ
ଟାପୁର ଠକ୍ ଠକ୍ ଶବ୍ଦ,
ସୁତୀକ୍ଷ୍ଣ ତୀରର ଉତ୍‌ଥାନ;
ସବୁ କିଛି ମିଶିଯାଏ
ଦୂରରୁ ଦୂରକୁ।

ପଡ଼ି ରହେ ଶୂନ୍ୟ ତୂଣୀ
ବର୍ମ ଫାଳ ଫାଳ
ଦୀର୍ଣ୍ଣ ଜୀର୍ଣ୍ଣ, ଢାଲ,
ସୁନିପୁଣ ଚକ୍ରବ୍ୟୂହ
ଖୋଲିଯାଏ ଅମୋଘ ମନ୍ତ୍ରରେ।
ଗୋଧୂଳିର ରକ୍ତ ଆଲୋକରେ

ଫେରି ଆସେ ପଳାତକ
ଶେଷ ଅଶ୍ୱାରୋହୀ।
ଚୂର୍ଣ୍ଣ କରି ଯାଇଅଛି ଚାଲି
ରଥଚକ୍ର ପଞ୍ଜରା ହାଡ଼କୁ।
ଅସ୍ଥି-ମଜ୍ଜା, କିଛି ଅନୁଭବ,
ସବୁକୁ ମଥିତ କରି
ଯାଇଅଛି ଚାଲି
ରଥଚକ୍ର ଘର୍ଘର ରବରେ।

ପଡ଼ି ରହେ ଭଗ୍ନ ତରବାରି,
ଖସି ପଡ଼େ ଶିରସ୍ତ୍ରାଣ, କବଚ-କୁଣ୍ଡଳ,
ଗୋଡ଼ରେ ରେକାବ ନାହିଁ,
ଅଶ୍ୱ କାହିଁ ?
ଅଶ୍ୱ ଯାଇ ମିଶିଲାଣି
ଦିଗନ୍ତ ଦେହରେ।

ବାସ୍ନା

ବାସ୍ନା ଅଛି ସକାଳ ଫୁଲରେ
ବଉଳରୁ ମାଗିଲେ ସେ
ଫୁଲ କୁଢ଼େଇ ଦିଏ ।
ଭୂଇଁରେ ଫୁଟି ଉଠେ
ଶୁଭ୍ର ତାରା ଆଞ୍ଜୁଳାଏ ।
କୋଇଲି ଉଡ଼ିଯାଏ ଅଚାନକ
ଗଛରୁ ଗଛକୁ ।

ବାସ୍ନା ଅଛି ଶୈଶବରେ,
ପ୍ରଜାପତି ଉଡ଼ି ଆସେ ନିତି,
ନାଲି-ନେଳି ବେଲୁନ୍ ଭିତରେ
ଲୁଚିଥାଏ ନିଭୃତ ସୁରଭି ।
ବାଜି ଉଠେ ସ୍ମୃତିର ପେଁକାଳି
ସୁତୀବ୍ର ବାସ୍ନା ରହେ
ମାଞ୍ଜାଦିଆ ଗୁଡ଼ିର ସୂତାରେ ।

ନାରୀର ବି ବାସ୍ନା ଅଛି
ବାସ୍ନା ଥାଏ ଓଠ ପାଖୁଡ଼ାରେ ।
ହାତର ପାପୁଲି ବାସେ
ପଦ୍ମଗନ୍ଧ ଜାଳି ଦେଇ ଯୋଜନ ଯୋଜନ ।
ବାସୁଥାଏ ସ୍ତନ ସନ୍ଧି ଛାତିର କୋରକ
ସବୁବେଳେ ।

ବାସ୍ନା ଉଠେ ହୃଦୟ ପୋଡ଼ିଲେ
ଧୂପର ଧୂଆଁ ପରି ମୋଡ଼ି ମୋଡ଼ି
ବାସ୍ନାର କୁଣ୍ଡଳି
ବ୍ୟାପିଯାଏ ଚରାଚରେ
ଖୁବ୍ ଧୀରେ ଧୀରେ ।

ଅସରାଏ ବର୍ଷା ହେଲେ
ପୋଡ଼ା ଭୂଇଁ ଚରିଯାଏ
ଅପୂର୍ବ ବାସ୍ନାରେ ।
ସ୍ମୃତିରେ ମହକେ ବାସ୍ନା
ଜୀବନରୁ ବାସ୍ନା ଖୋଜି
ପାଇବାକୁ ହେଲେ,
ମରି ହୁଏ ବିବିଧ ମରଣେ ।

ସ୍ୱପ୍ନର ଆୟୁ

ସ୍ୱପ୍ନର ଆୟୁ କେତେ,
ଗୋଟିଏ ବର୍ତ୍ତୁଳ, ସମ୍ପୂର୍ଣ୍ଣ ସ୍ୱପ୍ନର ?
ଯେଉଁ ସ୍ୱପ୍ନ ପାହାନ୍ତିଆ ପବନରେ
ପହଁରି ପହଁରି,
ଓହ୍ଲାଇ ଆସେ କୁଆଁତାରା ଗର୍ଭରୁ
ସିଧାସଳଖ ଏ ଧୂଳି ମାଟିର ପୃଥିବୀକୁ ?

କବି କିନ୍ତୁ ସ୍ୱପ୍ନ ଦେଖିବେ ବୋଲି
ନିଜକୁ ପ୍ରସ୍ତୁତ କରୁଥିଲେ
ଅନେକ ଦିନୁଁ।
ସଫଳ ଏବଂ ରଙ୍ଗୀନ ଏକ
ବିରଳ ସ୍ୱପ୍ନ,
କେତୋଟି ମୁହୂର୍ତ୍ତ ପାଇଁ।

ବରାଦ ଦେଲେ ସବୁବେଳେ
ସ୍ୱପ୍ନ ଆସେ ନାହିଁ।
ଅନେକ ନିଷିଦ୍ଧ କବାଟ, କଣ୍ଟାତାର, ଅନ୍ଧଗଳି,
ଅର୍ଗଳି ଖୋଲିବାକୁ ପେଡ଼ ସ୍ୱପ୍ନକୁ।

ସ୍ୱପ୍ନ ଆସେ ବେଳେ ବେଳେ
ଦୀର୍ଘ ପ୍ରତୀକ୍ଷାରେ
ଅକସ୍ମାତ୍, କଦବା କ୍ୱଚିତ।

କବିର ଛାତିକୁ ଚିରି ଫାଳ ଫାଳ କରି,
ଅଶ୍ରୁ ପତନର ଶବ୍ଦ ମାପି ମାପି
ସ୍ୱପ୍ନ ଆସେ ଦିନେ ଦିନେ।
ପୋଡ଼ି ଦେଇ ସ୍ୱପ୍ନର ଫସିଲ,
ପୁଣି ଏକ ନୂଆ ସ୍ୱପ୍ନ ବୁଣିବାକୁ
ଢଳିବାକୁ ସ୍ୱପ୍ନର ସୁରଭି।

ଆରବ୍ୟ ରଜନୀର ଗଳ୍ପ ଅଥବା ଦିନେ ଅକସ୍ମାତ୍

ଆପଣ ବିଶ୍ୱାସ କରନ୍ତୁ ବା ନ କରନ୍ତୁ,
ଦିନେ ମୋ ଘର ଭିତରକୁ
ଉଦ୍‌ବେଳ ଫେନିଳ ଗର୍ଜମାନ
ଏକ ସମୁଦ୍ର ପଶି ଆସିଲା।
ମୋତେ ଖଟରୁ ଉଠିବାକୁ
ନ୍ୟୁନତମ ସୁଯୋଗ ନ ଦେଇ
ଆପ୍ଳୁତ କରି ଦେଲା ମୋତେ ଢେଉରେ ଢେଉରେ।
ମୁଁ ସମ୍ପୂର୍ଣ୍ଣ ଅଣନିଃଶ୍ୱାସୀ ହୋଇ ପଡ଼ିଲି
ଦସ୍ୟୁ ଢେଉର ହାବୁକାରେ।
ମୋ ବିଛଣା ଓଦା ସରସର,
ତକିଆ, ରେଜେଇ, କନ୍ଥା ସବୁ ନଷ୍ଟ
ହୋଇଗଲା ପାଣିରେ ତିନ୍ତି।
ଆଇଁଷିଆ ଲୁଣି ଗନ୍ଧରେ
ମୋ ଅଗଣା, ବଗିଚା ସବୁ ପୂିଗଲା।
ମୁଁ ଅବାକ୍ ହୋଇ ଦେଖିଲି
ମୋ ଶୋଇବା ଘର ସାଲୁବାଲୁ କରୁଛି
ସାନ ସାନ ଅଜସ୍ର ନାଲି କଙ୍କଡ଼ାରେ।
ବିଶ୍ୱାସ କରନ୍ତୁ ବା ନ କରନ୍ତୁ ଆପଣମାନେ
ଅଚାନକ ଦିନେ
ମୋ ଶୋଇବା ଘରର ଝରକା ବାଟେ
ପଶି ଆସିଲା ଗୋଟାଏ ପ୍ରବଳ ଘୂର୍ଣ୍ଣିଝଡ଼,
ସବୁ କିଛି ଭିନ୍ନଭିନ୍ନ କରି,
ଝରା ପତର, ଛିଣ୍ଡା କାଗଜ, ଆଉ ଧୂଳିରେ
ଆଚ୍ଛନ୍ନ କରି ଦେଲା ମୋ ଘର।

ଝଡ଼ ଥମିଗଲା ପରେ ଦେଖିଲି,
ମୋ ଜୀବନଟା ଓଲଟପାଲଟ
ହୋଇ ଯାଇଛି ଏକାବେଳକେ।
ତୃତୀୟ ଘଟଣାଟା ଘଟିଲା, ଏବେ ଖୁବ୍ ନିକଟରେ।
ଅବଶ୍ୟ ବିଶ୍ୱାସ କରିବାଟା କଷ୍ଟକର ହେବ
ଆପଣଙ୍କ ପକ୍ଷରେ, ମାନୁଛି।
ହଠାତ୍ କାନ୍ଥ ଫୁଟେଇ ପଶି ଆସିଲା
ଚଳନ୍ତା ଗୋଟାଏ ପୂରା ରେଳଗାଡ଼ି ଘର ଭିତରକୁ।
କାଚ ଝରକା ସବୁ ଥରି ଉଠିଲା
ଝଣ ଝଣ କରି ତୀବ୍ର ହୁଇସିଲ୍‌ରେ।
ଖଟଟା ଖଣ୍ଡ ଖଣ୍ଡ ହୋଇ
ଛିଟିକି ପଡ଼ିଲା ଇତସ୍ତତଃ
ତକିଆ ଆଉ ଲେଦର ଛିଣ୍ଡା ତୁଳାରେ
ଘର ଭର୍ତ୍ତି ହୋଇଗଲା।
ସଉରା କୋଠା ଦୁଲୁକୁଛି
ଭୂମିକା ହେଲା ନା କ'ଣ ?
ପ୍ରଚଣ୍ଡ ଶବ୍ଦରେ ସାରା ଦୁନିଆଁ
ଉଠୁଛି କି ପଡୁଛି।
ଠିକ୍ ଏତିକିବେଳେ ନୀଳ ରଙ୍ଗର
ଲଣ୍ଠନ ହାତରେ
ଠିଆ ହେଲେ ଆସି
ଗାର୍ଡ଼ ସାହେବ। ପଚାରିଲେ,
'ଟିକେଟ କାଟିଛ ?'
ଟ୍ରେନ୍‌ର ଘର୍ଘର ଶବ୍ଦ ଅତିକ୍ରମ
କରି
ଆର୍ତ୍ତ କଣ୍ଠରେ କହି ଉଠିଲି,
'ଟିକଟ କଟା ହୋଇ ନାହିଁ
ଏ ଯାଏଁ।

ଯାତ୍ରା

ମୁଁ ଦିନେ ଚାଲିଯିବି
ସବୁକିଛି ଛାଡ଼ି ଦେଇ,
ଫେରିବିନି, ଛାଇ ଲେଉଟିଲେ।
ପାଣି ବିନା ଝାଉଁଳିବ
ରଜନୀଗନ୍ଧା, ସିମେଣ୍ଟ ଟବ୍‌ରେ।
ଅନାବନା ଘାସରେ ପୂରିଯିବ
ବଗିଚାର ସବୁ ଚଉତରା
ଫୁଲ ଆଉ ଫୁଟିବନି ମାଧବୀ ଲତାରେ।

ଏ ପୃଥିବୀ ଛାଡ଼ିଯିବ ଦିନେ,
ମାୟାବୀ ଏ ସୂର୍ଯ୍ୟାଲୋକ
ଛାଇ ଦୀର୍ଘ ହେଲେ,
ମୋର ସ୍ନେହ ପରି କୋମଳ
ଚେନାଏ ଆଲୁଅ
ଲାଖିଥାଏ ପାହାଡ଼ ଚୂଡ଼ାରେ।

ତରଳ ପାରଦ ଝରେ ନୀଳ ଆକାଶରୁ
ଜାଗିଉଠେ ବହୁତ କରୋଟୀ,
ଅଲୌକିକ ଜୋଛନାରେ ଭରିଯାଏ
ସବୁଜ ବନାନୀ।
ମୁଁ କିନ୍ତୁ ରହିବିନି
ଦେଖିବାକୁ ଏ ସବୁ ନିସର୍ଗ,

ଆଉ କେବେ ହେଲେ।
କଣ ହେବ ଦୀପ ନିଭିଗଲେ ?
ନିଭିବା ଆଗରୁ କିନ୍ତୁ ଚାଲିଯିବା ଭଲ।
ପଡ଼ି ରହୁ ଟେବୁଲରେ ଶୂନ୍ୟ ଫୁଲଦାନି,
ଧୂମାୟିତ ଚାହା କପ୍... ସେ ବି ପଡ଼ି ରହୁ,
ଶୁଖିଯାଉ କଲମରୁ କାଳି,
ଚୁପ୍‌ଚାପ୍ ଶୋଇରହୁ ପ୍ରିୟ ହାତ-ଘଡ଼ି,
ସୁନାର ବୋତାମ।

ଚାଲିଯିବା ଭଲ ହେବ
ସମୟ ଆଗରୁ,
ଡାକ-ବାକ୍‌ସ ଖାଲି ପଡ଼ିଥିବ।
ଅଙ୍ଗୁଳି ଛୁଆଁଏ ନାହିଁ
କେହି ହେଲେ କଲିଂ ବେଲ୍‌ରେ।
ଘରର କଣରେ ଠିଆ
ବେତବାଡ଼ି ଗୋଟାଏ ଗୋଡ଼ରେ,
ଦଣ୍ଡିତ ସ୍କୁଲପିଲା ପରି।
ପାହାଡ଼ରେ ପାଦ ଶବ୍ଦ
ଆଉ ଶୁଭେ ନାହିଁ,
ଘୁଣ ଧରେ ଆରାମ-ଚୌକିରେ।

ନିଦାଘ

ଆକାଶଟା ଜଳୁଛି ହୁତ୍ ହୁତ୍ ହୋଇ
ଝରି ପଡୁଛି ଖଣ୍ଡ ଖଣ୍ଡ ଅଙ୍ଗାର।
କେଉଁଠି ତିଳେ ହେଲେ ଛାଇ ନାହିଁ,
ଗଛ ତଳର ଆଶ୍ରୟ ବି
ଘୁଞ୍ଚି ଘୁଞ୍ଚି ଯାଉଛି
ଦିଗନ୍ତ ଆଡ଼କୁ କ୍ରମାଗତ।

ବର୍ଷା ଦେ, ଛାଇ ଦେ,
ବୋଲି ଆକାଶକୁ ମାଗିଲେ
ସେ ତାର ଆରକ୍ତ ଆଖି
ମେଲି ଦେଖୁଛି ଅପଲକ।
ନିଃଶ୍ୱାସରୁ ତାର ବାହାରୁଛି ନିଆଁ,
ଅଜାଡୁଛି ଭର୍ତ୍ସନା ପରି
ସ୍ଫୁଲିଙ୍ଗ କେବଳ।

ବିବସ୍ତ୍ର ଆକାଶ ଦେହରେ
ଆଉ କିଛି ଆଚ୍ଛୁଆଳ ନାହିଁ,
ଜଟା-ଜୂଟ ଖୋଲିଦେଇ
ଠିଆ ହୋଇଛି ଏକ
ନଗ୍ନ ତାମ୍ରବର୍ଣ୍ଣ ପିଙ୍ଗଳ ପୁରୁଷ,
ଭସ୍ମବୋଳା ରୁଦ୍ର ସନ୍ନ୍ୟାସୀ।
ଉଡୁନାହିଁ କେଉଁଠି ବି ଏକୁଟିଆ

ଦିଗ୍‌ଭ୍ରାନ୍ତ ଚିଲ।
ଫଟାଭୂଇଁ ପଡ଼ି ରହିଛି
ଚିତ୍ ହୋଇ ଉପରକୁ ଆଁ କରି।

ସ୍ୱେଚ୍ଛାଚାରୀ ଗୋପନ ଗ୍ରନ୍ଥି ଖୋଲି
ପ୍ରକୃତି ମାତିଛି ଏକ ମରଣ ତାଣ୍ଡବରେ।
ସବୁଜ ତୃଣଭୂମି ପୋଡ଼ି ଛାରଖାର
ମରୁଡ଼ିର କରାଳ ଛାଇ ମାଡ଼ି ଆସୁଛି,
ଗୋଲାପ ଶୁଖି ପାଉଁଶ।

ଉଭିଦ ସମାଜରେ ଭାଳେଣି
ପଡ଼ି ଗଲାଣି
ମୋର ନାହିଁ, ବର୍ଷା ନାହିଁ,
ବାଜୁ ନାହିଁ ବର୍ଷାର ଘୁଙ୍ଗୁର
ଭଙ୍ଗା ଦଦରା ଟିଣ ଛାତ ଉପରେ
ଆଜି ବି।

ଅବରୋହଣ

ଏଥର ଓହ୍ଲାଇବା ପାଳି,
କ୍ରମଶଃ ଉଚ୍ଚରୁ ମୁହାଁଣ ଆଡ଼କୁ।
ଖାଲ ଢିପ, ବନ୍ଧୁର ଓ
ନିମ୍ନଗାମୀ ଢାଲୁ ଉପତ୍ୟକା
ସବୁକୁ ଅତିକ୍ରମ କରିବାକୁ
ହେବ ସୁକୌଶଳେ।
ପାହାଡ଼ର ସାବଲୀଳ ଜାନୁ,
ଶିରା ଓ ପ୍ରଶିରା।

ପୃଥିବୀର ସବୁ ରାତି,
ପୃଥିବୀର ସବୁ ତାତି,
ପୃଥିବୀର ସବୁ ଦିନ,
ପୃଥିବୀର ସମସ୍ତ ବସନ୍ତ,
ପୃଥିବୀର ଭୋକ-ଶୋଷ,
ଯାବତୀୟ ଚତୁର ବିଭ୍ରମ,
ଭୁଲିବାକୁ ହେବ କିନ୍ତୁ ସବୁଦିନ ଲାଗି।

ଯାଯାବର ହଂସରାଳୀ ପରି,
ପୃଥିବୀର ମଧୁର ଆବେଶ,
ଥଣ୍ଡରେ ଖୁଣ୍ଟି ଖୁଣ୍ଟି
ସମଗ୍ର ସୁଖ ଓ ଦୁଃଖକୁ,
ମେଲିବାକୁ ହେବ ଶୁଭ୍ର ଡେଣା।

ଏଥର ଓହ୍ଲାଇବା କଥା
କୂଳରୁ ମୂଳକୁ ।
ଶିଖରରୁ ପାଦଦେଶ,
ପିଚ୍ଛିଳ ଗିରିପଥ,
ପାରି ହୋଇ ଦୀର୍ଘ ଅପନ୍ତରା ।

ଗୋପନୀୟ ସମସ୍ତ ଶପଥ
ଭୁଲିଯାଇ,
ଗୋଡ଼ ଖସି ପଡ଼ିବାକୁ ହେବ
ଦ୍ରାବିଡ଼ ମୃତ୍ତିକା ଉପରେ, ଏଥରକ ଶେଷ ଓତ୍ତରଣ ।

ଅଭିସାର

ଗୋଧୂଳି ଆଉ ଟିକିଏ ବିଳମ୍ବିତ ହେଉ,
ଆଉ ଟିକିଏ ହେଉ ବର୍ଣ୍ଣାଢ଼୍ୟ ଓ ଦୀର୍ଘ
ପଶ୍ଚିମ ଦିଗନ୍ତର ସୂର୍ଯ୍ୟାସ୍ତ।
ନିର୍ମେଘ ଆକାଶରେ
ଉଦ୍‌ଭାସିତ ହେଉ ଜହ୍ନ,
ପୂର୍ଣ୍ଣ ଗରିମାରେ।

ଯଦି କେହି ଜଣେ ନାରୀ
ଆଜି ଜୀବନରେ
ପ୍ରବେଶ କରନ୍ତି,
ଏ ବଡ଼ ଉତ୍କୃଷ୍ଟ ବେଳା
ମୋ ପାଇଁ,
ପବନ ବି ଅନୁକୂଳ କହୁଛି।

ମୁଁ ଜାଣେ ଆଁ କରି ଜହ୍ନ ଗିଳି
ପେଟ ପୂରେ ନାହିଁ
ଅଥବା,
ରାତି ପାହେ ନାହିଁ,
ଖାଲିଟାରେ ତାରା ଗଣି ଗଣି।

ଅଭିସାର ଜମେ ଭଲ
ନିର୍ଜନ ଅନ୍ଧାର ରାତିରେ।
ତଥାପି ଜାଣି ଶୁଣି,
ଅସ୍ତବ୍ୟସ୍ତ ବେପଥୁ ମନକୁ
ଶାସନରେ ଆଣିବାକୁ
ବନ୍ଧୁର ସର୍ପିଳ ଗଳି,
କରିବାକୁ ସୁପ୍ରଶସ୍ତ,
କିଞ୍ଚିତ୍ ସୁଗମ,
ଆକାଶରେ ଜାଳି ରଖିଅଛି,
ତାଙ୍କ ପାଇଁ ଜହ୍ନର ନିୟନ୍
ବଗିଚାରେ ଫୁଟିଅଛି ରକ୍ତାକ୍ତ କରବୀ।

ଜହ୍ନ

ମୁଁ ଜହ୍ନକୁ ଦେଖିଛି
ଅଥବା ଦେଖି ନାହିଁ ଆଦୌ,
ନିଠେଇ କରି ଦେଖୁ ଦେଖୁ
ଜହ୍ନ ବୁଡ଼ିଯାଇଛି ଅତଳ ଅନ୍ଧାରରେ,
ତାକୁ ଭଲ କରି ଚିହ୍ନିବାକୁ
ସୁଯୋଗ ସୁଦ୍ଧା ନ ଦେଇ।

ଦିନେ ଦିନେ ଜହ୍ନକୁ ଦେଖୁଛି
ଗୋଟାଏ ଗାଉଁଲି ଚଷା ପରି
ମୁଣ୍ଡରେ ଠେକାଟିଏ ଭିଡ଼ି,
ଧାନକ୍ଷେତ ହିଡ଼ ଉପରେ ହାମୁଡ଼େଇ ପଡ଼ି
ପାଳଭୂତ ସଙ୍ଗେ ଗପ କରିବାକୁ।

ପେଚାର ଆଉ ବାଦୁଡ଼ିର ସାନ୍ନିଧ୍ୟକୁ ଉପେକ୍ଷା କରି,
ଗାତୁଆ ମୂଷାର ଭର୍ତ୍ସନାଭରା ଦୃଷ୍ଟି ଆଗରେ
ଜହ୍ନ ଅନର୍ଗଳ ଗପରେ ମସ୍‌ଗୁଲ୍‌।

ଅତିକାୟ ତମ୍ବା ପରାତ ପରି ଜହ୍ନକୁ
ଦେଖା ମୁଁ ପଚାରିଛି ବାନ୍ଧବୀକୁ
'ଦେଖୁଛ କି ସୁନ୍ଦର ?'

ଉତ୍ତରରେ ଅଳ୍ପ ହସି
ଗୀତର ଗୋଟାଏ ଧାଡ଼ି
ଗୁଣୁଗୁଣୁ କରୁ କରୁ
ସେ କହିଛି,
'ଆଚ୍ଛା କହିଲା ଭଲା,
ଗାଈଙ୍କ ହମ୍ବା ରଡ଼ି ମଝିରେ
ଏ ଜହ୍ନକୁ ଦେଖାଇ
କୃଷ୍ଣ କ'ଣ ପଚାରିଥିଲେ ରାଧାଙ୍କୁ ?"

ଫଟା ସକାଳ

ସକାଳଟା ମୁହଁ ଫୁଲାଇଛି ସ-କ-କା-ଳୁ।
ଟୋପାଏ ହେଲେ ବର୍ଷା ନାହିଁ।
ଆଦିଗନ୍ତ ମେଘର ମରୁଭୂମି,
ପାଉଁଶିଆ ମେଘମାନେ ପୁଞ୍ଜ ପୁଞ୍ଜ
ଅଭିମାନ ଭଳି
ଝୁଲୁଛନ୍ତି ଆକାଶକୁ।

ଗଛ ପାଖେ ଠିଆ ହେଲେ
ସେ ଘୁଞ୍ଚି ଯାଉଛି
ଦିଗନ୍ତ ଆଡ଼କୁ
ଗୋଟାଏ କଳା ବିନ୍ଦୁ ହୋଇ।
ଛାତି ଭିତରେ କିଏ ଯେପରି
କରତ ଚଳାଉଛି,
ଝରି ପଡୁଛି ହଳଦିଆ କାଠଗୁଣ୍ଡି ପରି
ମୁଠା ମୁଠା ଦୁଃଖ।

ଦୁଃଖ କ'ଣ ଧରି ହେବ
ହାତ ପାପୁଲିରେ ?
ନିଃସଙ୍ଗତା ମୋତେ ଗ୍ରାସିବାକୁ ଆସୁଛି,
ତାର ଧୂସର ହାତ
ମୋତେ ଜାବୁଡ଼ି ଧରିବାକୁ ଉଦ୍ୟତ।
ବଞ୍ଚାଇବାକୁ କେହି ନାହିଁ।

ଆଜି ସମସ୍ତେ ମୋ ସଙ୍ଗେ
ବିଶ୍ୱାସଘାତକତା କରିଛନ୍ତି,
ସକାଳୁ କୁକୁରଟା କାମୁଡ଼ି ଗୋଡ଼ାଉଛି କ୍ରମାଗତ।
ବିଲେଇର ପତ୍ତା ନାହିଁ ମୂଳରୁ
ପଞ୍ଜୁରି ଭିତରେ ଶାରୀ
'ବଦମାସ-ବଦମାସ' କହି ରଡ଼ି ପକାଉଛି।
ହଠାତ୍ ରବର ଚଟିଟା
ଛିଣ୍ଡିଗଲା ଫଟ୍ କରି।

ଆଶ୍ରୟ ନାହିଁ କେଉଁଠି,
ପରିଚିତ ବନ୍ଧୁମାନେ ଦୁଆରେ
ତାଲା ଝୁଲାଇ
ଘର ଭିତରେ ଚୁପ୍‌ଚାପ୍
ଲୁଚି ବସିଛନ୍ତି।
କେହି କେହି ମିଛ କାମ ବାହାନାରେ
ମୁହଁ ମୋଡ଼ି
ଏଡ଼େଇ ଯାଉଛନ୍ତି ମୋତେ,
ବ୍ୟସ୍ତତାର ଅଭିନୟ କରି।

ଘରର କଡ଼ି-ବର୍ଗା ମୋତେ
ଦେଖି ହସୁଛନ୍ତି ଦାନ୍ତ କାଢ଼ି।

ବାନ୍ଧବୀଙ୍କ କୋଠାରେ ତିନି ମହଲା ଝର୍କା
ସବୁଦିନ ପାଇଁ କ'ଣ ବନ୍ଦ ହୋଇଗଲା ?

ହାୟ, ଛାଇ ଟିକିଏ ବି
ନାହିଁ କେଉଁଠି।

ସ୍ମୃତି-ତର୍ପଣ

ସ୍ମୃତି ବଡ଼ ଭୟଙ୍କର
ସବୁବେଳେ ପଛରେ ଗୋଡ଼ାଏ
ସେହି ସବୁ ପାଣିଚିଆ ସକାଳର କଥା,
ଆକାଶରେ କ୍ଷୟକାଶ ରୋଗୀ ପରି
ପାଣ୍ଡୁର ମ୍ରିୟମାଣ ଜହ୍ନ,
ତାରା ସବୁ ନିଭିଗଲେ
ଆସିବାକୁ କହି ପୁଣି,
ତୁମେ ଆସିଲନି।
ସ୍ମୃତି ବଡ଼ ବେଇମାନ,
ସତରେ।

ସ୍ମୃତି ବଡ଼ ଦଗାବାଜ,
ରୋମନ୍ଥନ ନୁହେଁ ଖାଲି
ବିଗତ ସୁଖର।
ସୁଖର ତ ହଜାର ପାଖୁଡ଼ା,
ନିଖୁଣ ସୁଖର ଫୁଲ
କେହି କେବେ ଦେଖିଛି ଫୁଟିଛି ?
ସୁଖ କ'ଣ ସବୁବେଳେ
ଦୁଃଖ ପାଶେ ଶରଣ ପଶିବ ?
କ'ଣ କଲେ ସୁଖ ମୁକୁଳିବ,
ଦୁଃଖ ତାର ପିଛା ଛାଡ଼ିଦେବ ?

ତୁମର ଦୁଃଖର ପାଖେ
ବିଛାଇ ଦେଇଛି ମୋର
ଯାବତୀୟ ସ୍ମୃତିର ସମ୍ଭାର,
ଚନ୍ଦନ କାଠର ବାକ୍‌ସ,
ଗୋଲାପୀ ରୁମାଲ,
ବିବର୍ଣ୍ଣ ପାଣ୍ଡୁର ଚିଠି,
ଭଙ୍ଗା ଚୁଡ଼ି, ବଙ୍କ ସେଫ୍‌ଟିପିନ୍‌।
ଦେଖ, ପୁଣି ତୁମେ ତାକୁ
ଓଦା କରିଦିଅ ନାହିଁ
ନିରନ୍ତର ଝୁରୁଥିବା ଆଖିର ଲୁହରେ।

କିଛି ସ୍ମୃତି ବାଘ ପରି
ତିଳ ତିଳ କରି
ଖାଏ ମଣିଷକୁ।
ହାଡ଼-ମାଂସ ଚୋବାଇ ଚୋବାଇ,
ମୁହଁ ଧୁଏ ମଣିଷ ରକ୍ତରେ।
ସର୍କସର ବାଘ ନୁହେଁ,
ସତ ସତ ଜଙ୍ଗଲର
ଗୁଳିଖିଆ ଘାଏଲା ଏ ବାଘ।
ମଣିଷର ମଢ଼ ପାଖେ
ଜଗି ବସିଥାଏ,
କିମ୍ବା ପୁଣି ଅନ୍ଧାରରେ
ବାରମ୍ବାର ଲୁଚି ଲୁଚି ଛପି ଛପି
ଫେରି ଫେରି ଆସେ।

କବି

ଜନ୍ମରୁ କେହି କବି ନୁହେଁ
କବିର ନିର୍ମାଣ ପାଇଁ
କେତେ ଦିନ, ବିନିଦ୍ର ରଜନୀ
ହଜାର ହଜାର ଜହ୍ନ
ଗୋଲ ଅବା ଖଣ୍ଡିଆ ଖାବରା,
ପ୍ରୟୋଜନ ହୁଏ ।

ଟେବୁଲରେ ଚିତ୍ ହୋଇ
ଶୋଇ ରହେ ଧଳା କିଛି
ପବିତ୍ର କାଗଜ,
କବିର କଲମରେ କଳଙ୍କିତ ହେବ ବୋଲି
ଅଧୀର ଆଗ୍ରହରେ,
ପ୍ରତୀକ୍ଷାରେ ଥାଏ ।

କବିର ଶ୍ୱାସକଷ୍ଟ ଉଠେ,
ବିଚ୍ଛୁରିତ ହୁଏ ବିଡ଼ମ୍ବନା,
ଉଦ୍ଧତ କିଛି ନାରୀ
କବିକୁ ଦୁଃଖ ଦେଇ
ଚାଲିଯା'ନ୍ତି ବିଞ୍ଚି ବିଞ୍ଚି
ମେଞ୍ଚାଏ ବଞ୍ଚନା ।

କବି କିନ୍ତୁ ଭୁଲେ ନାହିଁ
ସୂର୍ଯ୍ୟାସ୍ତର ଅସମାପ୍ତ ଛବି,
ଚାହିଁ ରହେ ପୃଥିବୀକୁ
ଶିଶୁର ସାରଲ୍ୟ ମିଶା
ଅବାକ୍ ଦୃଷ୍ଟିରେ।

ନଈ-ନାଳ, ଗଛଲଟା,
ପୃଥିବୀର ସୁଗନ୍ଧିତ ଘ୍ରାଣ,
ସମୁଦ୍ର ଢେଉରେ ଖୋଜେ
ଜୀବନର ଓଲଟ-ପାଲଟ,
ସୁଖ ଆଉ ଦୁଃଖର ସ୍ପର୍ଶକୁ
ସାଇତି ରଖେ ସେ ସବୁ
ସବୁଦିନ ପାଇଁ।

ପୃଥିବୀକୁ ଭଲପାଏ ବୋଲି
ବାରମ୍ବାର ଫେରିଆସେ
ତା ଧୂଳି କୋଳକୁ।

କବି କିଏ, କିଏ ଅବା ନୁହେଁ,
ବାପର ହୋଟେଲରେ
ଦୀର୍ଘ ଦିନ ଖାଇଛି ବାକିରେ,
ଆଉ ଖାଏ ତୀବ୍ର ଭର୍ତ୍ସନା,
ବତୁରାଇ ନିର୍ମମ ଘୃଣାରେ,
କିଏ ଦିଏ ? କିଏ ବା ନ ଦିଏ ?
ଏବଂ
ନିଷ୍ଠୁର ଗୋଇଠା ମାଡ଼

ସିଏ ପୁଣି ଆଙ୍କି ଦିଏ
କବିର ପଶ୍ଚାତ୍‌ଦେଶରେ।

ଆଖି ତା ଜକେଇ ଆସେ ।
କବି ଯାଇ ଶୋଇପଡ଼େ ଚୁପ୍‌ଚାପ୍
ପେଟରେ ଓଦାକନା ଦେଇ ।
କବି ଚାହେଁ ଶୁଣିବାକୁ
ଶୋଣିତରେ ଦୃପ୍ତ ପଦଧ୍ୱନି
ଅବିରଳ ନିର୍ମଳ ବର୍ଷାର ।
ଯେତେବେଳେ ଦିନର ଅବୟବ
ମିଶିଯାଏ ରାତିର ଦେହରେ ।
ଅନ୍ଧାର ଘୋଟିଯାଏ
ଚାରିଆଡ଼େ ଚୂଡ଼ାନ୍ତ ଭାବରେ ।
ଛାଇ ସବୁ ଶୋଇଯାନ୍ତି
ଗୋଲ ହୋଇ,
ବୁଲା କୁକୁର ଭଳି ଜାକି-ଜୁକି
ରାସ୍ତା କଡ଼ ନାଳ-ନର୍ଦ୍ଦମାରେ ।
ଜିଇଉଠେ ନଈର କଙ୍କାଳ
ବେଗବାନ ସୁଅରେ ସୁଅରେ ।

କବି କେବେ ମାଗିନାହିଁ
ଫୁଲମାଳ ଅଥବା ପ୍ରଶସ୍ତି,
ଲୋଡ଼ିନାହିଁ ଅର୍ଥ, କିମ୍ବା ବିପୁଳ ସମ୍ମାନ ।
ଜୀବନର ସ୍ୱରଲିପି ଗାଉ ଗାଉ
ସୁନେଲୀ ସ୍ୱପ୍ନରେ
ହୋଇଛି ବିଭୋର ।

ସେ କିନ୍ତୁ ଚାହିଁଥିଲା
ବୁନ୍ଦାଏ ସହାନୁଭୂତି
ଚେନାଏ ମମତା,
ରିକ୍ତ କ୍ଲାନ୍ତ ଜୀବନ ସନ୍ଧ୍ୟାରେ ।

କବିକୁ, ଜର୍ଜର ଈର୍ଷାରେ
ପୂର୍ବଜ କିଛି କବି ଗର୍ଜିବେ
କର୍କଶ କଣ୍ଠରେ,
"ଆରେ, ଏ ଗୋଟେ କବି ନା କ'ଣ,
କବିର ଗର୍ଭସ୍ରାସ ସିନା,
ବାସ କରୁ ଅନନ୍ତ ନର୍କରେ।"

କବି କିନ୍ତୁ ଏସବୁକୁ ତୁଚ୍ଛ କରି
ଶବ୍ଦ ସଙ୍ଗେ ଲୁଚକାଳି
ଖେଳୁ ଖେଳୁ ଅକସ୍ମାତ୍ ଦିନେ,
ସତ ସତ କବି ପାଲଟିଲା।

କବି ଓ କବିତା

ହେ ବାଚାଳ କୋଳାହଳ
ଟିକେ ଚୁପ୍ କର।
ମୁଁ ଚାହୁଁଛି ଶାନ୍ତ ନିର୍ଜ୍ଜନତା।
ବେଳେବେଳେ ଘନିଷ୍ଠ ଅନ୍ଧାର ଏକ
ଧୀରେଧୀରେ ନଇପଠା ପାଖେ।
କ୍ରମଶଃ ଓହ୍ଲାଇ ଆସି
ଆତ୍ମସମର୍ପଣ କରେ।
ଠିକ୍ ସେମିତି ପରିବେଶ ଲୋଡ଼ା,
ନିଶୂନ, ନୀରବ।

ଆସ ଆସ ନୈଶନ୍ୟ
ଗୋଡ଼ ଚିପି ଖୁବ୍ ନୀରବରେ
ନିଭୃତ ଅଭିସାର ପାଇଁ
ରହି ରହି ଗୋପନରେ ଆସ,
ତ୍ରସ୍ତା ହରିଣୀ ପରି,
ଏଣେ ତେଣେ ଅନାଇ ଅନାଇ
କିନ୍ତୁ ଆସ, ବାଟ ଭୁଲ ନାହିଁ।
ମୁଁ କାଟୁଛି ବିନିଦ୍ର ରଜନୀ,
ତୁମ ଲାଗି ଏକୁଟିଆ,
ଅନ୍ତହୀନ କ୍ଳାନ୍ତ ପ୍ରତୀକ୍ଷାରେ।

ଭୂତ ପରି ଜହ୍ନ ଏକ
ଚଢ଼ିଅଛି ଅଶ୍ୱତ୍‌ଥ ଗଛରେ।
ପୋଖରୀର ନୀଳ ପାଣି

ଚୁପ୍‌ଚାପ୍ ପଡ଼ି ରହେ ଚିତ୍ ହୋଇ,
ନିସ୍ତରଙ୍ଗ ଜଳର ନାଭିରେ
ଶୋଇଥାଏ ମାଛ,
ନିଘୋଡ଼ ନିଦରେ ।

ଦୁଃଖର ଅବୟବ
ଫୁଟି ଉଠେ
ପଡ଼ିଆ ଘାସରେ ।
ତୁନିତାନି ଶୋଇଥାନ୍ତି ବଗିଚାରେ,
ପ୍ରସ୍ଫୁଟିତ ଫୁଲସବୁ ।
ପାପ ପରି ନୀଳ ମହୁମାଛି
ଫେଣା ବାନ୍ଧେ ଆସି
ଅଶ୍ୱତ୍‌ଥର ପୋକଖିଆ ଖତିରା ଡାଳରେ ।

ଏଥର ଭଣିତା ସାରି,
ଶେଷ କରି ଗୌରଚନ୍ଦ୍ରିକା,
କହିଦିଏ ଗୋପନ କଥାଟି,
କବିତା ବଡ଼ ନିରିମାଖୀ
ଏବଂ ତରଜା,
ଟିକେ କଣ ବିଗିଡ଼ିଗଲେ
ଅଭିମାନିନୀ ପରି ଲୁଚିଯାଏ
ଅନ୍ଧାର ସନ୍ଧିରେ ।

ଦୂରରେ ମିଳାଏ ତାର ରୁଣୁଝୁଣୁ
ନୁପୂର ନିକ୍ୱଣ ।
ମୁଣ୍ଡ ଯେତେ ବାଡ଼େଇଲେ
କବିତା ଫେରିବ ନାହିଁ
କବି ପାଖେ ଆଉ କେତେବେଳେ ।

ଶତେକ ନେହୁରା ହେଲେ
କ'ଣ ହେବ ?
ଫୁଲ ଆଉ ଫୁଟିବନି
ଊଷର ବାଲିରେ ।

ସହରର କୋଳାହଳ
ଶବ୍ଦର ବିସ୍ଫୋରଣ ଯେତେ
ଭୁଲିବାକୁ ପ୍ରଗଲ୍‌ଭ ଧ୍ୱନିକୁ
ପାହାଡ଼ ଜଙ୍ଗରେ ଆସି
ବାନ୍ଧିଅଛି ଘର ।
ଚାରିଆଡ଼େ ସ୍ତବ୍‌ଧ ମୌନ
ଧ୍ୟାନରତ ବୁଦ୍ଧ ପରି
ଧାଡ଼ି ଧାଡ଼ି ପାହାଡ଼ ଶିଖର ।
ଜନତାର ଜାନ୍ତବ କଟାଳ
ଠାରୁ ବହୁତ ଦୂରରେ,
କବିତାର ଅପେକ୍ଷାରେ
ବସି ବସି ବିତାଉଛି ବେଳ ।
ଏଠି ଖାଲି ସୁଖୀ ଏକାକୀତ୍ୱ
ଏକର ଏକର,
ଶବ୍ଦର ମଶାଣି ଭୂଇଁ,
ଶବ୍ଦଙ୍କ କବର,
ହଠାତ୍ ଏଠି ଅକସ୍ମାତ୍ ଦିନେ,
ପାଇଛି ସନ୍ଧାନ ତାର
କବିତା ମୋ ମୁହାଁମୁହିଁ
ଆମେ ଦୁହେଁ ଯୁକ୍ତ ପରସ୍ପର,
କବିତା ଆସିଛି ମୋତେ
ଧରାଦେବ ବୋଲି,
ଆମେ ଦୁହେଁ ଛନ୍ଦାଛନ୍ଦି,
ଅଧରେ ଅଧର,
ସୁଗଭୀର ନିଶୀଥିନୀ
ସ୍ତବ୍‌ଧ ଚରାଚର ।

ଯବନିକା

ସେ ଏବେ ଗୋଟାଏ ନିର୍ଦ୍ଦୋଷ
ନିରାମିଷ ପରିବା ।
ଆପଣ ତାଙ୍କୁ ଆଳୁ
ବା ବାଇଗଣ ବୋଲି
ଭାବି ପାରନ୍ତି,
କିମ୍ବା ପୋଟଳ ସଙ୍ଗେ ଭୁଲ କରି ପାରନ୍ତି ।
ଅନ୍ତତଃ ତୁଳନା କରିବାରେ
କିଛି ବାଧା ନାହିଁ ।
କଲେ ଆପଣଙ୍କୁ ଦୋଷ କେହି
ଦେବେ ନାହିଁ ।
କିନ୍ତୁ ଏମିତି ତ କଥା ନଥିଲା,
ତାଙ୍କ ଧମନୀରେ ଦିନେ
ରକ୍ତ ଦୌଡୁଥିଲା
ବେଗବାନ ଆରବୀ ଘୋଡ଼ା ଭଳି ।
ଆଖିରେ ଥିଲା ମୋହନ
ତିର୍ଯ୍ୟକ୍ କାହାଣୀ,
ଆଉ ବାବୁରୀ ବାଳ ମହକୁଥିଲା
କୁସୁମର ମୃଦୁ ସୁବାସରେ ।
ଏବେ କିନ୍ତୁ ଗୋଧୂଳିରେ
ବିଦାୟର ରଙ୍ଗ ଲାଗିଲାଣି ।
ମାର୍ବଲ ପରୀର ଡେଣା
ଭାଙ୍ଗିଦେଇ ଚାଲିଗଲା
ନିର୍ମମ ସମୟ ।

ସେ ଆଗେଇ ଚାଲିଛନ୍ତି
ଗୋଟାଏ ନିର୍ଜନ ନିର୍ଦ୍ଦିଷ୍ଟ
ଷ୍ଟେସନ ଆଡ଼କୁ ।
ନଇଁ ନଇଁ ଚାଲିଛନ୍ତି,
କ୍ଲାନ୍ତ ପଥିକ ପରି,
ଗୋଡ଼ ଘୋଷାରି ଘୋଷାରି
ସୂର୍ଯ୍ୟାସ୍ତ ଆଡ଼କୁ କ୍ରମାଗତ ।

ଦନ୍ତହୀନ ମାଢ଼ିରୁ ତାଙ୍କର
ଝରି ପଡୁଛି ଅବିରତ
ବୃନ୍ତଚ୍ୟୁତ ଫୁଲ ପରି
ମେଞ୍ଚା ମେଞ୍ଚା ଶବ୍ଦ ସବୁ
ସେମାନେ କହୁଛନ୍ତି ଗୋଟାଏ
କଥା କେବଳ,
'ବିଦାୟ - ବିଦାୟ'
ନକଲି ଦାନ୍ତକୁ ଚାପି
ସେମାନଙ୍କୁ ରୋଧି ପାରୁ ନାହାନ୍ତି ସେ ।

ପାହାଡ଼କୁ ଢାଙ୍କିଦିଏ ମାୟାବୀ କୁହୁଡ଼ି,
ସମୁଦ୍ରର ଜଳୋଚ୍ଛ୍ୱାସ ଶୁଭେନାହିଁ
କାନକୁ ତାଙ୍କର ।
ନକ୍ଷତ୍ରର ଦ୍ୟୁତି ଆସି
ଛୁଏଁ ନାହିଁ କ୍ଲାନ୍ତ ଆଖିପତା ।

ଛାତିର ଝର୍କାରେ
ଏ କାହା ମୁହଁ ?
ସେ ଚମକି ଉଠନ୍ତି ।
କୁଞ୍ଚିତ ଚମଡ଼ାରେ ପଡ଼େ
ସମୟର ଅବ୍ୟର୍ଥ ତାଳି,
ସୂର୍ଯ୍ୟାସ୍ତର ଲାଲି
ଆଖି ଫୁଟି ଉଠେ
ଚାଳିଶା ଚଷମାରେ ।

ଛାଇମାନେ ନାଚୁଛନ୍ତି
ଲେଲିହାନ ଚିତାର ନିଆଁରେ
ଦୁନିଆର ଲଢ଼େଇରେ
ଭାଗୀଦାର ହେବାକୁ
ସମୟ ଆଉ ବେଶୀ ନାହିଁ
ତାଙ୍କ ହାତରେ।

ସେ କଣ ଶେଷକୁ ଏକ
ଅଦରକାରୀ ଭାରି ଆସବାବ
ଚିକ୍‌କଣ ଶିଶୁ କାଠରେ ତିଆରି,
ପଡ଼ିଥିବେ ବସିବା ଘରେ
ଲମ୍ବଜାଲ ହୋଇ ?

ପୃଥିବୀର ରଙ୍ଗମଞ୍ଚରୁ
ପାଦ-ପ୍ରଦୀପ ସବୁ ନିଭି ଗଲାଣି।
ସମସ୍ତେ ଜଣ ଜଣ କରି
ବିଦାୟ ନେଲେଣି
ସଲାମ ଜଣାଇ,
ଏଥର ପଡ଼ିବ ଶେଷ ଯବନିକା।

ତୁମେ ମୋତେ

ମୋତେ ତୁମେ ଯେଉଁ ନାଁରେ ପଛେ ଡାକ,
ଅର୍ଜୁନ, ଭୀମ, ବଜ୍ରବାହୁ, ବଂଶୀଧର ଅଥବା ଅଭିମନ୍ୟୁ,
ଛାତ ଉପରେ ଚଢ଼ି
ଡାକବାଜି ଖଞ୍ଜି,
ସାହିବାଲାଙ୍କ ନିଦକୁ ଅସ୍ତବ୍ୟସ୍ତ କରି,
ବ୍ୟାକୁଳ ସ୍ୱରରେ ଡାକୁଥାଅ
ମୁଁ କିନ୍ତୁ ରହିଯିବି
ଶିଖଣ୍ଡୀ ଆଉ ବୃହନ୍ନଳାଙ୍କ ଗହଣରେ
ଚିର ଶିଶୁପାଳ ହୋଇ।

ତୁମେ ମୋତେ ଯେଉଁ ଫୁଲରେ ପଛେ ସଜାଅ,
ଯୂଇ, ଜାଇ, ମାଧବୀ, ଗୋଲାପ, କିମ୍ବା କେତକୀ ଚମ୍ପାରେ
ମୋ ମନ କିନ୍ତୁ ବେପଥୁ ହେବ ରଜନୀଗନ୍ଧାର
ମୃଦୁ ମହକରେ କେବଳ।

ତନ୍ତ୍ରୀରେ ତୁମ ଯେଉଁ ରାଗିଣୀ ପଛେ ବଜାଅ,
ଭୈରବୀ ଦରବାରୀ, ଗୁଣକେଳୀ ଅଥବା ଆଭୋଗୀ
କିମ୍ବା ବିଳମ୍ବିତ ଚାରୁକେଶୀ ମୂର୍ଚ୍ଛି ମୂର୍ଚ୍ଛି ବାଜୁଥାଉ,
ମୋ ମନ ମୟୂର କିନ୍ତୁ
ପୁଚ୍ଛ ଟେକି ନାଚିବ କେବଳ,
ମେଘ ମହ୍ଲାରର ଅଚ୍ଛ ଗୁଞ୍ଜରଣରେ।

ଆପ୍ୟାୟିତ କର ମୋତେ
କୂଳି ଭୋଜନରେ
ଛପନ ଭୋଗ ପରଷି ଦିଅ
ସୁଦୃଶ୍ୟ ଆଜି ଓ ଗିନାରେ,
ବାସମତୀ ପୋଲାଉ, କ୍ଷୀରି-ପୁରୀ
ମାଂସର ବାହୁଲ୍ୟ,
ତୃପ୍ତି କିନ୍ତୁ ଗୋଳାଥାଏ
ନିରିମାଖୀ ଶାଗ ପଖାଳରେ,
ସୁନା ରଙ୍ଗର ବର୍ତ୍ତୁଳ
ମଜା କଂସା ବେଲା,
ସୂର୍ଯ୍ୟ ପରି ଝଟକେ କେବଳ ।

ଅନ୍ଧାରରେ ଏକା

ମୁଁ ଡରେ ଘାତକ ଅନ୍ଧକାରକୁ,
ଭୟ କରେ ଅନ୍ଧାରର
ଅସ୍ପଷ୍ଟ ଅବୟବ।
ଭୟଙ୍କର ଗଛସବୁ,
ଆଚ୍ଛାଦିତ ଆଦିମ ପତ୍ରରେ।
ଡର ମାଡ଼େ ଦେଖିବାକୁ ଘରର ସିଲ୍ୟୁଏଟ,
ଘର ସବୁ ପଡ଼ିଛନ୍ତି ମୁହଁମାଡ଼ି,
ଭଗ୍ନଜାନୁ ଏପଟେ ସେପଟେ।
ରାସ୍ତାର ଅବକ୍ଷୟ ଭୋକିବାକୁ
ଠିକାଦାର ନାହିଁ।
ଖାଲଢ଼ିପ, ଦନ୍ତୁର; ରାସ୍ତାର କଙ୍କାଳ,
ପଡ଼ି ରହେ ଚିତ୍‌ପାତ୍ ହୋଇ।

ବାଟ ହୁଡ଼ି କୁହୁଡ଼ିରେ
ଅବାଟରେ ଆଗେଇ ଚାଲିଛି,
ରାସ୍ତାର ସବୁ ସେତୁ,
ସବୁ ଯୋଗାଯୋଗ, ଭାଙ୍ଗିଗୁଳି
ପଡ଼ିଛି ଭୁଶୁଛି।
ଅନ୍ଧାରରେ ଅନ୍ଧ ପରି
ଅନ୍ଧାରକୁ ଛୁଇଁ ଛୁଇଁ, ଅଣ୍ଡାଳି ଅଣ୍ଡାଳି,
ଅତି ଧୀରେ ଚାଲିବାକୁ ହେବ।

ଏ କେଉଁ ବନସ୍ଥଳୀ, କେଉଁ ଦ୍ରାଘିମାରେ ?
ନାହିଁ ଏଠି ପରିଚିତ ବନସ୍ପତି କିଛି,
ବିଦେଶୀ କୁସୁମରାଜି ଭିନ୍ନ ଭାଷା କହେ ।
ଅନ୍ଧାରରେ ଲୁଚିଛପି ଦ୍ରୁମମାନେ ହୋଇଛନ୍ତି ଠିଆ
ଆତତାୟୀ ପରି ।
ବୁଦା ସବୁ ଗୋଡ଼କୁ ଛନ୍ଦିବାକୁ
ଡାଳ ମେଲି, ନଇଁ ପଡ଼ି,
ଇତିହାସର ଠଗା ପରି
ଯେପରି ଉଦ୍ୟତ ।
ଆକାଶରୁ ଝୁଲୁଅଛି ବିପୁଳ
ଓହଳ ସବୁ ଅଜଗର ଭଳି,
ଆଶ୍ଚର୍ଯ୍ୟ ଭଙ୍ଗୀରେ ।

ଏ କେଉଁ ବିଚିତ୍ର ଘ୍ରାଣ ଅଜଣା ଫୁଲର ?
ବର୍ଣ୍ଣହୀନ ପ୍ରଜାପତି ଉଡୁଛନ୍ତି ଚାରିଆଡ଼େ ଖାଲି,
ଡେଣା ଝାଡ଼େ ଅଜଣା ଚଢ଼େଇ,
ଗୀତ ବୋଲି କର୍କଶ କଣ୍ଠରେ ?
ଏ କେଉଁ ନର୍କର ଦ୍ୱାର
ଅନର୍ଗଳ ପଡ଼ିଅଛି ଖୋଲା ?

ଆଲୁଅରୁ କ୍ରମେ କ୍ରମେ
ଅନ୍ଧାର ଆଡ଼କୁ
ପରିକ୍ରମା ଆଜି,
ଯାଉ ଯାଉ ଝୁଣ୍ଟିପଡ଼େ,
ଗୋଡ଼ ଛନ୍ଦି ହୁଏ ।

ଏ କେଉଁ ବିଭସ୍ସ ବଳୟ,
ସଭ୍ୟତାର କେଉଁ ପରାଜୟ,
ଏ କି ବିପରୀତ ଗତି

ମୁହାଁଣକୁ ଫେରିଯିବା
ଉତ୍ସର ମୂଳକୁ ?

ସନ୍ତ୍ରାସର ରଥ ଏକ ବାହାରିଛି
କରିବାକୁ ପ୍ରଦକ୍ଷିଣ
ପୃଥିବୀର ସବୁ କୋଣ,
ସଭ୍ୟତାର ସବୁ ଉପତ୍ୟକା ।
ଅହିଫେନ ଆକାଶରୁ ପଡ଼େ ଝରି
ପୁଞ୍ଜି ପୁଞ୍ଜି କ୍ଲେଦ ଓ କାଳିମା,
ବିଜୁଳି ଝଲକ ନାହିଁ
କାହିଁ ହେଲେ ଟିକେ,
କାଳିବୋଳା କୁଜ୍‌ଝଟିକା
ଅବିରତ
ଝୁଲେ ଚତୁର୍ଦ୍ଦିଗେ ।

ମାତି ଉଠି କିଛି ଲୋକ
ବିଦ୍ୱେଷ ଘୃଣାରେ,
ଛୁରୀ ଧରି ମାରିବାକୁ
ବାପକୁ ଗୋଡ଼ାନ୍ତି,
ବଳାତ୍କାର କରିବାକୁ ଆପଣା ଭଗ୍ନୀକୁ
କୁଣ୍ଠିତ ନୁହନ୍ତି ତିଳେ ହେଲେ ।

ଅଦ୍ଭୁତ ଅନ୍ଧାର ଏକ ଘୋଟିଅଛି
ଏ ଗ୍ରହକୁ ଆଜି,
ସବୁକିଛି ବିପରୀତ
ଅନ୍ଧମାନେ ବେଶି ଦୃଷ୍ଟିମାନ,
ପ୍ରଖର ଚକ୍ଷୁର ଲୋକେ
କାଳିଆ-ଚଷମା ପିନ୍ଧି
ଆଖିକୁ ଘୋଡ଼ାନ୍ତି,

ସେମାନଙ୍କୁ ସୂର୍ଯ୍ୟଲୋକ
ଭଲ ଲାଗେ ନାହିଁ।

ଆଶ୍ଚର୍ଯ୍ୟ କୁହୁଡ଼ି ଏକ
ଗ୍ରାସିଅଛି ଏ ଧରାକୁ ଆଜି,
ମୁଁ କିନ୍ତୁ ସାଥୀହୀନ
ଥରୁଅଛି ଅଜଣା ଭୟରେ
ଅନ୍ଧାରରେ ଏକା,
ମରାଳୀର ଶୁଭ୍ର ଗ୍ରୀବା
କାଟି କେହି ଝୁଲାଇ ଦେଇଛି
ପୋଖରୀ ହୁଡ଼ାରେ,
ଆତତାୟୀ ଛୁରିକାରୁ କେବଳ କାହିଁକି
ରକ୍ତ ଝରିପଡ଼େ ?

ପାଲଭୂତ

ମୁଁ କରିଛି ସାହୁକାର ବିଲ
ପରମ ଯତ୍ନରେ ।
ଚଢ଼େଇଙ୍କ ସବୁ ଅଳି
ଉଡ଼ାଇ ଦେଇଛି ପବନରେ,
କାନକୁ କରିଛି ବଧିରା
ଶୁଣୁନାହିଁ ପକ୍ଷୀଙ୍କ କାକଳି ।
ଗୋଲଗୋଲ ଲାଲି ଆଖି
ଗାତୁଆ ମୂଷାର
ଉପେକ୍ଷା କରିଛି ।

ସାଥୀ ମୋର ପେଚା ଓ ବାଦୁଡ଼ି,
ଗାତୁଆ ମୂଷାର ଦ୍ରୁତ ପଦଧ୍ୱନି
ଶୁଣୁଶୁଣୁ ଝାଡ଼ି ଝୁଡ଼ି
ଠିଆ ହୁଏ ପୁଣି,
ଶୋଇବାକୁ ଜୁ ନାହିଁ
କ୍ଲାସ୍-ପାଠ ଫାଙ୍କିଥିବା
ପିଲା ପରି ଏକ ଗୋଡ଼ିକିଆ
ଦଣ୍ଡ ମୁଁ ଭୋଗୁଛି ।

ମୋ ମୁଣ୍ଡରେ ଛତା ନାହିଁ,
ବର୍ଷା ହେଲେ ନିସ୍ତୁକ ତିନ୍ତିବାକୁ ପଡ଼େ ।
ଖରା ବଡ଼ ନିର୍ଦ୍ଦୟ, ହନ୍ତସନ୍ତ କରେ
ମୋତେ ପ୍ରଚଣ୍ଡ ରାତିରେ ।
ସେହିଭଳି ଶୀତରାତି,
କାକରର ପ୍ରବଳ ଧକ୍‌କାରେ
ଥରି ଉଠେ ମୋ ହାଡ଼-ପଞ୍ଜରା ।

ଫଟା ସାର୍ଟ, ଚିରା ପେଣ୍ଟ,
ଶୀତ ରୋକେ ନାହିଁ।

ବେଳେବେଳେ ଆକାଶରେ
ଉଦାସୀନ ଜହ୍ନ ଏକ ପ୍ରାଗୈତିହାସିକ
ଭାସି ଭାସି ଆସି ଠିଆ ହୁଏ,
ସେ ମୋତେ ଭଲପାଏ ବୋଲି
ପାରଦ ରଙ୍ଗର ଜ୍ୟୋତ୍ସ୍ନା
ମୋ ମୁଣ୍ଡରେ ଅଜାଡ଼େ କେବଳ।

ଛାତ ନାହିଁ ମୋ ମୁଣ୍ଡ ଉପରେ,
ହଜାର ବର୍ଷ ଧରି ହୋଇଅଛି ଠିଆ
ଗୋଟାଏ ଗୋଡ଼ରେ।
ଶୋଇବାକୁ ରାହା ନାହିଁ
କର ମାଡ଼ି କିମ୍ବା ଚିତ୍ ହୋଇ।

ମୁଁ ଜଗିଛି ସାହୁକାର ଭାତ ଥାଳି
ଅସୀମ ନିଷ୍ଠାରେ।
ମୁଁ ବଡ଼ ଏକୁଟିଆ,
ସଂସାରରେ ମୋର କେହି ନାହିଁ,
ମୋ ଆଗରେ ରହିଅଛି ପଡ଼ି
ସୁଦୀର୍ଘ ଶୀତରାତି ଖାଲି,
ମୋ ଜୀବନ ରୁକ୍ଷ ଅପନ୍ତରା।
କେହି ମୋତେ ଲୋଡ଼ନ୍ତିନି
ସାହୁକାର ଘରଣୀ ବି ସ୍ୱଚ୍ଛନ୍ଦରେ
ଭୁଲିଯାଏ ମୋତେ
'ନୂଆଖିଆ' ଦିନ।

ମୁଁ ଏକ ନୈର୍ବ୍ୟକ୍ତିକ ସତ୍ତା,
ସବୁ ରୂପ ଝରିଯାଇ
ଖସିପଡ଼େ ରୂପର ଗାରିମା,
'ହେ ଦାମ୍ଭିକ ଆକାଶ, ତୁମେ
ଘୁଞ୍ଚିଯାଅ ମୋ ଆଗରୁ
ବାଚାଳତା ସ୍ତବ୍ଧ କର,
ସମସ୍ତ ବର୍ଣ୍ଣ ବୈଭବ ଆଉ ନୀଳିମା ନେଇ,
ପୋଛି ହୋଇଯାଅ ଦିଗନ୍ତରେ।'

ଦୁଇ ବାହୁ ପ୍ରସାରିତ କରି
ମୁଁ କେବଳ ମମତା ମାପୁଛି
ମୁଁ କି ଏକ ଅଭିଶପ୍ତ
କ୍ରୁଶବିଦ୍ଧ ଯୀଶୁ ?

ହେମନ୍ତ

ହେମନ୍ତ ଆସିଛି ଆଜି
ଲୁଚକାଳି ଖେଳି ଖେଳି
କାଶତଣ୍ଡୀ ବଣେ।
ନଈପଠା କଡ଼େ କଡ଼େ
ଅତି ସଂଗୋପନେ।
ହେମନ୍ତ ଆସିଛି ପୃଥିବୀକୁ
ଧୋକଡ଼ି ବୁଢ଼ି ପରି ନଈଟା
ଶୋଇଛି ବାଲିଲେ।

ହେମନ୍ତ ଦେଇଛି ବୋଲି ଗୋଧୂଳିରେ ରିକ୍ତ ନୀରବତା,
ସବୁ ବଡ଼ ଚୁପ୍‌ଚାପ୍, ଛାଇଛାଇ, ସନ୍ଧ୍ୟାରେ ବହୁତ କାକର।
ମୁହାଁମୁହିଁ ଠିଆ ହେଲା
ହେମନ୍ତ ମୋହର,
ପ୍ରବନରେ ନାହିଁ ଦନ୍ତୁରତା,
ଦୂରେ ଶୁଭେ ଶୀତର ହେଣ୍ଟାଳ।

ସେ ଆମର ନଗ୍ନତାକୁ ଫାଳ ଫାଳ କରିବାକୁ
ନଖ ଆଉ ଦାନ୍ତ ପକାଉଛି
ଗର୍ଭିଣୀ ଧାନକ୍ଷେତ ନିମଜ୍ଜିତ
କୁହୁଡ଼ିରେ ଆଜି।

ହେମନ୍ତ ଆସିଛି ଫେରି
ଚିଲର ବିଷଣ୍ଣ ଡେଣାରୁ
ଝରି ପଡ଼େ ମ୍ଳାନ ଧୂରସତା,
ଧୂଳି, ଧୂଆଁ, କୁହୁଡ଼ିରେ
ବାଟ ହୁଡ଼ି ସନ୍ଧ୍ୟା ଫେରେ
ବିମର୍ଷ ଚଢ଼େଇ ପରି
ଘାରି ହୋଇ ପୃଥିବୀ ନାଡ଼କୁ।

ବାଲିକୁଦ ଦାଢ଼େ ଦାଢ଼େ
କିମ୍ବା କିଆ ବୁଦାର ଅନ୍ଧାରେ
ହେମନ୍ତ ଶୋଇଛି ଦେଖ,
ମୃତ ଏକ ବଣି ପରି
ଘୋଡ଼ି ହୋଇ ଶ୍ରାନ୍ତ ପାଣ୍ଡୁରତା
ମାଂସ ତର ଏଣେତେଣେ
ଛିନ୍ନଭିନ୍ନ ଲୋଡ଼ୁଛି ଘାସରେ।

ବିଦୀର୍ଣ୍ଣ ଦର୍ପଣ-୧

ମୁଁ ଏକ ଗୁଡ଼କଙ୍କ ଭଳି
ଗଡ଼ିଗଡ଼ି କରୁଛି ଜରୀପ୍,
ଜୀବନର ବେଳାଭୂମି ଖାଲି,
ଅସ୍ତବ୍ୟସ୍ତ ପବନରେ ଗଡୁଅଛି
ଏପଟ-ସେପଟ,
ଆଦିଗଂତ ବିସ୍ତୀର୍ଣ୍ଣ ସୈକତ,
ଲବଣାକ୍ତ ବାଲି ।

ମୋ ପାଖରେ ଦେଲା ଭଳି କିଛି ନାହିଁ ଆଜ,
ଛାତି-ଫଟା ଦୀର୍ଘଶ୍ୱାସ, କିଛି ଆର୍ତ୍ତନାଦ,
ନିଦ୍ରାହୀନ ରାତ୍ରିରେ ଉକ୍ରଟ ବିଭୀଷିକା କିଛି,
ମୁଣ୍ଡ ନାହିଁ, ଗଣ୍ଡି ନାହିଁ,
ଅଭିଶପ୍ତ କେବଳ ମାଦଳ ।

ବିଦୀର୍ଣ୍ଣ ଦର୍ପଣ-୨

ମୁଁ କରିଛି
ସ୍ୱପ୍ନକୁ ଧରିବି ବୋଲି
ଆପଣା ହାତରେ,
ଖୋଲି ଦେଇ ମୋ ଘରର
ସମସ୍ତ ଝରକା,
ପ୍ରତୀକ୍ଷା କରୁଛି ନିତି ଶୋଇ ଶୋଇ
ଏକାକୀ ଖଟରେ।
ଆଖିପତା ପଡୁନାହିଁ ଚେଇଁ ଚେଇଁ
ଭାବୁଛି କେବଳ,
ସ୍ୱପ୍ନମାନେ
କାଳେ ଖସିଯିବେ।

ସମୟ

"ହେ ଭାଇ, ଟିକେ ହାଉଲେ ଚାଲ।"
ସମୟ ମୋ କାନ୍ଧରେ ହାତ
ରଖେ ଆସି।
ମୁଁ ଅନାଏ ବୁଲି ପଡ଼ି
କେହି ନାହିଁ ମୋ ପାଖରେ
ରାସ୍ତା କେବଳ ଫାଙ୍କା
ବିଧବାର ମଙ୍ଗ ପରି ସହଜ ସରଳ।

ମୁଁ ପ୍ରତି ମୁହୂର୍ତ୍ତରେ ମୃତ୍ୟୁର
ଦ୍ରୁତ ପଦଧ୍ୱନି ଶୁଣିବାକୁ ପାଏ।
ଧମନୀରେ ଉଷ୍ଣତା ନାହିଁ,
ରକ୍ତରେ ନିଃଶବ୍ଦରେ ଝରୁଛି ବରଫ।

ଭୂମିକମ୍ପ ଅଥବା ପ୍ଲାବନ ଘଟିପାରେ
ଯେ କୌଣସି ସମୟରେ ଆଜି,
ମୁଁ କିନ୍ତୁ ଅସତର୍କ
ଏଥିପାଇଁ ପ୍ରସ୍ତୁତ ହୋଇନି।
ରୁଧିରର ଲବଣାକ୍ତ ସ୍ୱାଦ
ମୋତେ ହିଁ ଆମୃତ୍ୟୁ ଚାଖିବାକୁ ହେବ
ଅଳ୍ପ ଅଳ୍ପ କରି।

ମୋ ଲାଗି କେହି ଜଣେ ପ୍ରତୀକ୍ଷାରେ ଥିଲା
ତାର ଆଜି ଚିହ୍ନବର୍ଣ୍ଣ ନାହିଁ,
ଗଛ ତଳେ ବସି ବସି
ନିରାଶାରେ ନେଇଛି ବିଦାୟ,
ଜାଣେ ନାହିଁ କେଉଁ ଦିଗଂତରେ
ଛାଇ ତାର ବିଲୀୟମାନ ହେଲା ?

ଗଛର ସବୁଜ ପତ୍ର ପାଂଶୁ ଆଜି,
ଈଷତ୍ ହଳଦିଆ ।
ଖସୁଅଛି ଅବିରତ ଗୋଟି ଗୋଟି କରି,
ସାଉଁଟିବାକୁ କେହି ଲୋକ ନାହିଁ
ଆଖିପତା ବୁଜି ଆସେ କ୍ରମାଗତ କ୍ଲାନ୍ତିରେ ଆଜି,
ରାତି ଓହ୍ଲାଇ ଆସେ ଏହି ମଧ୍ୟାହ୍ନରେ
ଅତର୍କିତେ ଅତି ଅକସ୍ମାତ୍ ।

କାନରେ ବାଜୁଛି ଆସି ଶୀତର ଟାପୁଶବ୍ଦ
ଟପ୍, ଟପ୍, ଟପ୍ ।
ସେ କେବଳ କାନ୍ଦୁଅଛି ତୁହାଇ ତୁହାଇ
ଜରା ଆଉ ମୃତ୍ୟୁର ସଂବାଦ ।

ମୁଁ ମୋହର ମୁଖ୍ୟ ପ୍ରତିଦ୍ୱନ୍ଦ୍ୱୀ,
ଜନ୍ମାବଧି ଠିଆ ମୁହିଁ ଦର୍ପଣ ଆଗରେ ।
ସମ୍ପୂର୍ଣ୍ଣ ଅନାବୃତ,
ଯୁଦ୍ଧରତ ନିଜ ସଙ୍ଗେ
ବୁଲି ବୁଲି ସ୍ୱ-ପରିଧିରେ ।

ଜାଣେ ନାହିଁ କେବେ ଏହି
ଭାଷଣ ଦ୍ୱୈରଥ ପୁଣି
ଶେଷ ହେବ,
ଅଦିନରେ ଫୁଟିବ କଦମ୍ବ ?

ବାଳରେ ହୋଇଅଛି ଚୂନ ସଫେଇତି,
ଦୃଶ୍ୟମାନ ଶିରା ଓ ପ୍ରଶିରା,
ରାତି ହେଲେ ଜହ୍ନ ଆସେ
ପେଚାର ଡେଣାରେ ଚଢ଼ି
ହାତେ ଧରି ଏକେ-ସତ୍‌ଚାଳିଶ,
ମୋ ଆଡ଼କୁ ବନ୍ଧୁକର ମୁନ
ସେ ଉଞ୍ଚାଇଛି
ଲକ୍ଷ୍ୟ ସ୍ଥିର କରି ।

ଚନ୍ଦ୍ରାହତ କରି ମୋତେ ଅତର୍କିତେ
ଖସିଯିବ ସନ୍ତ୍ରାସବାଦୀଙ୍କ ପରି
ମେଘର ଘନ ଜଙ୍ଗଲରେ ।
ଜୋଛନାର ପ୍ଲାବନରେ ଭାସୁଅଛି
ସମଗ୍ର ମେଦିନୀ ।

ଚାରିଆଡ଼େ ହିଞ୍ଜଡ଼ାଙ୍କ କୋଳାହଳ ଖାଲି,
ଗୋଲ ହୋଇ ସେମାନେ ନାଚୁଛନ୍ତି
ଅଶ୍ଳୀଳ ଅଙ୍ଗଭଙ୍ଗୀ କରି ।

ଜାଣେନାହିଁ ମୁଁ ପୁଣି ଜନ୍ମ ନେବି
ଆଉ କାହା ଘରେ ?

କିମିୟା

କବିତା ଠିଆ ହୁଏ
ଜହ୍ନ ପାଖେ ଯାଇ,
ସମୁଦ୍ରରେ ଆସିଛି ଜୁଆର।
କେତୋଟି ପଙ୍‌କ୍ତି ଗଢ଼ି ଗଢ଼ି
ଗୁଡ଼କଙ୍କ ପରି
ଇତସ୍ତତଃ ଗଡୁଥାଏ
ବେଳାଭୂମି ଯେମିତି - ସେମିତି।
ତା ପରେ ରାତି ସାରା
ଓଲଟ - ପାଲଟ।
ଗଢ଼ିବା ଆଉ ଭାଙ୍ଗିବା ପ୍ରକ୍ରିୟା,
ଜୁଆରରେ ଢେଉ ଆସି ଗ୍ରାସିଯାଏ
ପୁଣି ଛାଡ଼ିଯାଏ।
ଶବ୍ଦର ଶରୀରରେ ଫୁଟି ଉଠେ
ରକ୍ତ ଆଉ କ୍ଷତ ଦାଗ
କ୍ରମଶଃ କ୍ରମଶଃ,
ସୃଷ୍ଟିର ଅସ୍ୱର ଯନ୍ତ୍ରଣା।
ଅପାଙ୍‌କ୍ତେୟ ପଙ୍‌କ୍ତିସବୁ
ଲୁଚି ଯାନ୍ତି ଝାଉଁବଣ କଣରେ,
କବିତା ଚାଲି ଚାଲି ପାରି ହୁଏ
ନିଷିଦ୍ଧ ବନାନୀ, ନିବିଡ଼ କାନନ।
ମଣ୍ଡି ହୁଏ ଅଲୌକିକ ଲତା,
ପୁଣି ଆସି ଉପମା ଦେହରେ।

କବିତା ବି ସ୍ୱପ୍ନ ଦେଖେ,
ସ୍ୱପ୍ନ କ'ଣ ଦେଖିବାକୁ ମନା ?
ଅନାବନା ଘାସ ନୁହେଁ
ସ୍ୱପ୍ନର ବିଭିନ୍ନ ପ୍ରାନ୍ତରେ
ଆନ୍ଦୋଳିତ ହେଉଥାଏ
କବିତାର ସୁନେଲି ଫସଲ ।
ବାଉଁଶ ବୁଦାରେ ଝୁଲେ
ଗୋଲଗାଲ ଗୁଡ଼ି ପରି
ଜହ୍ନର ହଳଦିଆ ଦେହ ।
ଶବ୍ଦ ପାଖେ ଠିଆ ହୁଏ
ଗଢ଼ିବା ଦାୟିତ୍ୱ ନେଇ
ପୁନଶ୍ଚ କବିତା ।
ପ୍ରକୃତିର ସମ୍ମୋହନ ନଇ
ବା ପାହାଡ଼ ଛାଡ଼ି
କବିତା ଯାଇଛି ଚାଲି
ବହୁ ଦୂର ଅଜଣା ମୁହାଣ
ଟପି ସବୁ ଗୂଢ଼ ଉପତ୍ୟକା ।
କେଉଁ ଏକ ଶରତ ସକାଳେ
କାଶତଣ୍ଡୀ ଫୁଲ ହାତେ
କେହି ଜଣେ ଅଚିହ୍ନା କିଶୋରୀ,
ନଈରୁ ଗାଧୋଇ ଉଠି
ଓଦା ଚିକୁରରେ,
କବିତାକୁ କରିଛି କିମିୟା ।
କବିତା କହିଛି ତାକୁ
ସଜାଇବ ଅଜସ୍ର ଶବ୍ଦରେ
ଧାଡ଼ି ଧାଡ଼ି ନିପୁଣ ଅକ୍ଷର
ଖଞ୍ଜି ଖଞ୍ଜି ତା ଦେହକୁ
ମାଜି ମାଜି କରିବ ଚିକ୍କଣ
ଆଞ୍ଜୁଳାଏ ଗଙ୍ଗଶିଉଳିରେ ।

ବର୍ଷା

ମୁଁ ଛୁଇଁଛି ବର୍ଷାର ଦେହକୁ,
ସେ ବି ଛୁଇଁଛି ମୋତେ,
ଆପ୍ଳୁତ କରିଛି
ହୃଦୟର ଅନ୍ଧିସନ୍ଧି
ସବୁ କ୍ଳେଦ, ସବୁ ମଳିନତା,
ଧୋଇ ଦେଇ ସମଗ୍ର ସତ୍ତାକୁ ମୋର,
ଘଷି-ମାଜି କରିଛି ଉଜ୍ଜ୍ୱଳ
ଅବିଶ୍ରାନ୍ତ ଧାରା ଶ୍ରାବଣରେ
କଦମ୍ବ ଫୁଟୁଛି ଦୂରରେ।

ବର୍ଷାରେ ଓଦା ସରସର
ମୋହ ଦେର ପ୍ରତିଟି ଲୋମକୂପ
ପୁଲକିତ,
ଅଗଣାରେ ଭିଜୁଛି ଗୃହସ୍ଥ ଗଛ,
ବିତୁଛି ବିବସ୍ତ୍ରା ରଜନୀଗନ୍ଧା,
ତନ୍ୱୀ ଶରୀର ତାର
ହେମାଳ ପବନରେ
ଶିହରି ଉଠୁଛି।
ତୁଳସୀ ଚଉରା ପାଣି ଘେରରେ ବନ୍ଦୀ।

ଘରର ସମସ୍ତ ଝର୍କା-କବାଟ,
କଟିଛି ସନ୍ତର୍ପଣରେ,
ଏକମାତ୍ର ଖଟଟାକୁ,
ଘୋଷାରି ଆଣିଛି
ଘର ମଝିକୁ।
ବହି ବୋଝେଇ ଟେବୁଲକୁ
ନିର୍ବାସନ ଦଇେଛି
ଆପାତତଃ ଅନ୍ୟତ୍ର।

ସର୍କସର ବାଘ ପରି
ବର୍ଷା ଖୋଜୁଛି ବାରଣ୍ଡାରେ।
ତାର ହେଣ୍ଟାଳ ଶୁଭୁଛି,
ବିଜୁଳିର ଚାବୁକ୍
ଚକୁଛି ରହି ରହି।

ବେଙ୍ଗଙ୍କ ଅଶ୍ଳୀଳ କୋରସ ଶୁଣି
ବର୍ଷା ଆସିଛି ପୃଥିବୀକୁ।
ବେଙ୍ଗ-ଗାଡ଼ିଆ ଭରପୂର
ଟିଣ ଚାଳରେ ବର୍ଷାର 'ପଲ୍ଲବୀ'।

ଦ୍ରୁତରୁ ଦ୍ରୁତତର ହେଉଛି।
ରାସ୍ତା ନାଳରେ ସୁଅ ଛୁଟିଛି ବର୍ଷାର,
ସେ କ'ଣ ସତେ ସତେ
କଲ୍ଲୋଳିନୀ
ସ୍ରୋତସ୍ୱିନୀ ହେବ ?

କୁନା ବୋଲୁଛି ଗୀତ ନାଚି ନାଚି,
'ମେଘ ବରଷିଲା ଟୁପୁର-ଟାପୁର'
ଗରମ ପକୋଡ଼ିର ବାସ୍ନା

ଆର୍ଦ୍ର ପବନରେ
ଭାସି ଆସୁଛି ରୋଷେଇ ଘରୁ,
ଅଦା ଚାହା ପାଇଁ ମନ ବ୍ୟାକୁଳ।
ବର୍ଷା କମିଲାଣି,
ଥମିଲାଣି ବେଙ୍ଗଙ୍କ ସମବେତ ଉଲ୍ଲାସ,
ରାସ୍ତା କଡ଼ରେ କୁନାର କାଗଜ ଡଙ୍ଗା
ମୁହଁ ମାଡ଼ି ଓଲଟି ପଡ଼ିଛି।
ଶୁଭୁଛି ଖଇରାତି ମିଆଁର ଡାକ
'ଛତା-କାଢ଼ି ମରାମତ'।

ଓଦା ଜୋତା ଫୁଲି ଏକାକାର,
ପୁଣି ନୂଆ କିଣିବାକୁ ହେବ।
ମୁଁ କିନ୍ତୁ ସବୁ ଅସୁବିଧା ଉଡ଼େଇ ଦେଇ
ବଡ଼ ପାଟିରେ ଚିତ୍କାର କଲି
କହି ଉଠିବି :
'ବର୍ଷା ! ମୁଁ ତୋତେ ଭଲପାଏ,
ତୁ ପୁଣି କେବେ ଆସିବୁ ?'

ଦିଗ୍‌ଭ୍ରାନ୍ତ

ଏଥରକ ସବୁ ଅହଙ୍କାର
ସମର୍ପି ଦେବି ତୁମକୁ,
ଉଡ଼ାଇ ଦେବି ଯାବତୀୟ
ଯନ୍ତ୍ରଣା ପବନରେ।

ସମୁଦ୍ରକୁ ଧାର ମାଗିବି
କିଛି ଫେନିଳ ଉଚ୍ଛ୍ୱାସ ପାଇଁ ଅନ୍ତତଃ
ଅସ୍ତଗାମୀ ଶରୀରରୁ
ସମଗ୍ର ଉତ୍ତାପ,
କମି କମି ଯାଉଛି କ୍ରମଶଃ।
ଆଲିଙ୍ଗନ ଶିଖିବାକୁ ନେହୁରା
ହେବି ତମାଳ ଲତା ପାଖେ।
ପ୍ରେମର ଇତିହାସ କିଏ ପୁଣି
ଲେଖିବ ନିଷ୍ଠାରେ ?
ରୁଧିରାକ୍ତ ପୃଷ୍ଠାସବୁ
କୁହ କିଏ ପଢ଼ିବ ଯତ୍ନରେ ?
ତୀକ୍ଷ୍ଣ ଯନ୍ତ୍ରଣାରେ ଛୁରୀ
ବାଜି ବାଜି କ୍ଷତ-ଚିହ୍ନ
ଫୁଟି ଉଠେ ପୃଷ୍ଠାରୁ ପୃଷ୍ଠାନ୍ତରରେ।

ଘୃଣା ପରି ଶକ୍ତିଶାଳୀ ଅସ୍ତ୍ର
ନାହିଁ ସାରା ପୃଥିବୀରେ,

ବନ୍ଧୁକ ବି ତା ଆଗରେ
ପାଣିଚିଆ, ପିଲାଙ୍କ ଖେଳଣା ।
ଅନ୍ଧାରର ଇତିବୃତ୍ତ କିଏ ପୁଣି
ପଢ଼ିବ କୁହ ତ ?

ଆଜି କିନ୍ତୁ ମୋ ପାଖରେ
ଚାଲିଯିବା ଭିନ୍ନ ଗତି ନାହିଁ ।
ନିଃସଙ୍ଗ ରକ୍ତରେ ବାଜେ
ସୂର୍ଯ୍ୟାସ୍ତର ଦୃପ୍ତ ପଦଧ୍ୱନି ।
ଅସହାୟ ଗୋଧୂଳିରେ
ପୋଡ଼ିଯାଏ ସୁସ୍ଥ ବନସ୍ଥଳୀ,
ଦାବାନଳ ହୁ-ହୁ ଜଳେ
ହାହାକାର ପରି ।

ତଥାପି ଦିନେ ତ ସବୁ
ପ୍ରାପ୍ତି ଥିଲା ପରିପୂର୍ଣ୍ଣ ହୋଇ,
ଶ୍ରବଣ ମେଘରେ ଥିଲା
ପ୍ରତିଶ୍ରୁତି ନିବିଡ଼ ବର୍ଷାର ?
ପ୍ରତିଟି ଲୋମକୂପ ଶିହରିତ
ହେଉଥିଲା
ଦୂରରେ କଦମ୍ବ ଫୁଟିଲେ ?

ମୁଁ ପୁଣି କାହିଁକି କୁହ
ଖୋଜିବାକୁ ତୁମକୁ ବା
ତୁମ ପାଦ-ଚିହ୍ନ
ତାଜମହଲ ପାଷାଣ ସିଡ଼ିରେ,
ଆଗ୍ରା ଯିବି ଦେଖିବାକୁ
ସୁଦୃଶ୍ୟ ପ୍ରେମର ମଶାଣି ?

ମୁଁ ପୁଣି କାହିଁକି କୁହ
ଦିଗ୍‌ଭ୍ରାନ୍ତ ଯକ୍ଷ ପରି
ଅବିରତ ଘୂରୁଥିବି
ପଚାରି ପଚାରି
ତୁମର ଠିକଣା,
ପୂର୍ଣ୍ଣମୀ ଜହ୍ନ ପାଖେ ଯାଇ ?
କିମ୍ବା ତୁମ ଛାଇ
ଦରାଣ୍ଡିବି ଯମୁନା ନୀରରେ ?
ଯେମିତି ରାଧିକା ପାଇଁ
ହୋଇଥିଲେ କୃଷ୍ଣ ବାଇ
ଦିନ ଦିନ ବୁଲି
ବୃନ୍ଦାବନ ଅମୁହାଁ ଗଳିରେ ?

ବିଲେଇ

ସାରାଦିନ ସେ ମୋ ସଙ୍ଗେ
ଲୁଚକାଳି ଖେଳେ,
ମୁଁ ଛାତକୁ ଗଲେ,
ସେ ଯାଇ ପହଞ୍ଚେ
ସଜନା ଗଛ ମୂଳ
ପାଉଁଶ ଗଦାରେ ।

ମାଛର କଙ୍କାଳ ପାଖେ
ଦେଖିବାକୁ ମିଳେ ତାକୁ ନିତିଦିନ,
ଜାକିଜୁକି ହୋଇ ଶୋଇ ରହିଛି
କିମ୍ୱା
ଲୋମଶ ପଞ୍ଝାକୁ ରୁମାଲ୍
ପରି ବ୍ୟବହାର କରି
ଚାଟି ଚାଟି ମୁହଁ ପୋଛୁଛି
ନିଶକୁ ଆଉଁସି ଆଉଁସି ।

ଅତିକାୟ ଜହ୍ନ ତଳେ
ଛତର କାର୍ଣ୍ଣିସ ଦେଇ
ପଦଚାରଣା କରୁ କରୁ
ଗୋଟାଏ ବିରାଟ ହାଇ ମାରି
ଦେହକୁ ଧନୁ ପରି ବଙ୍କେଇ
ଲାଙ୍ଗୁଡ଼କୁ ପ୍ରଶ୍ନ ଚିହ୍ନ କରି

ଟେକି ଦିଏ ସେ
ଆକାଶ ଆଡ଼କୁ।
କେତେବେଳେ ବା,
ଦେହର ସବୁ ଲୋମ ଟାଙ୍କୁରି ଦେଇ
ଜୋଛନା ଝଡ଼େ ସର୍ବାଙ୍ଗରୁ।

ରୋଷେଇ ଘରର ନିବୁଜ ଝିଡ଼ିକିକୁ
ଅବଲୀଳାରେ ଖୋଲି
ସନ୍ତର୍ପଣରେ ସେ ଆସି
ମୋ ସକାଳ ଚାହାର ଦୁଧତକ
ପିଇଦିଏ।
ତା' ପରେ
ମୋ ସଙ୍ଗେ ଦେଖା ହେଲେ,
ମୁଁ କିଛି କହିବା ଆଗରୁ,
ମୁରୁକେଇ ହସି ଦେଇ
ଡିଆଁ ମାରି ଚଢ଼ିଯାଏ
ଅଗଣା କାନ୍ଥ ଉପରକୁ।

ମୁଁ ସେତେବେଳେ ଭାବେ
ଏ ଦୁଷ୍ଟ ବିଲେଇକୁ ଓଦା କରି ଦେବି
ଆଞ୍ଜୁଳାଏ ପାଣିରେ।
ସେ କିନ୍ତୁ ସେତେବେଳେ ଖସି ପଳାଇଛି
ତାର ସାଥୀ ଅନ୍ଧ ମହୁମାଛି
ଆଉ ଖଞ୍ଜ ପ୍ରଜାପତି ସଙ୍ଗେ ଖୋଜିବାକୁ।

ଶେଷ ଠିକଣା

ଆମ ସମସ୍ତଙ୍କ ଶେଷ ଠିକଣା
ଅରୁଆ କଦଳୀ ବଣ।
ସଡ଼କ ସିଧା ଲମ୍ବିଛି
ଖୋଜି ପାଇବାରେ ଅସୁବିଧା ନାହିଁ,
ଆପଣ ନିଶ୍ଚେ ଦିନେନା ଦିନେ
ପହଞ୍ଚି ଯିବେ ଠିକ୍ ଜାଗାରେ।

ନା-ନା, ଖ-ବ-ର-ଦା-ର,
ବ୍ଲାଉଜ୍‌ର ଦ୍ୱିତୀୟ ବୋତାମରେ
ଟିପ ଛୁଆନ୍ତୁନି
ଗୃହିଣୀଙ୍କ କଟାକ୍ଷ କିମ୍ବା ଭର୍ତ୍ସନା,
ଗହଣା ବାକ୍‌ସ ଅଥବା ଶାଢ଼ିର ଶୃଙ୍ଖଳ,
କିଛି ହେଲେ ଆପଣଙ୍କୁ
ବାନ୍ଧି ରଖି ପାରିବ ନାହିଁ।
ପିଲାଙ୍କ ସମସ୍ତ ଅଳି,
କଣ୍ଢେଇ ଆଉ ରଙ୍ଗୀନ୍ ବେଲୁନ୍ ପାଇଁ କାନ୍ଦ,
ତାଙ୍କ ସ୍କୁଲ ବ୍ୟାଗ୍‌ରେ ପୁରେଇ, ଫିତା ବାନ୍ଧି ଦେଇ,
ଆପଣ ସନ୍ତର୍ପଣରେ ଖସି ପଳାଇବେ
ସନ୍ନ୍ୟାସରେ।
ନୂଆ ଘରର ନକ୍ସା ଉଇ ଖାଇଯାଉ ପଛେ।

ଅରୁଆ କଦଳୀ ବଣ ପରେ
ଆଉ ପୃଥିବୀ ନାହିଁ।
ସେଠି ସମସ୍ତ ରାସ୍ତା
ଗୋଟାଏ ଗୋଳେଇ ଛକରେ

ଆସି ମିଶିଛନ୍ତି
ତା'ପରେ ଖାଲି ଅପନ୍ତରା।

ଆପଣଙ୍କୁ ଆଉ ଦର୍ପଣ ଆଗରେ
ନିଜ ମୁହଁକୁ ଅନାଇ
ମୁଣ୍ଡ କୁଣ୍ଡାଇବାକୁ ପଡ଼ିବ ନାହିଁ।
ବ୍ୟାଙ୍କକୁ ଯାଇ ପେନ୍‌ସନ୍‌ଭୋଗୀଙ୍କ ଧାଡ଼ିରେ
ଠିଆ ହେବାର ଝାମେଲା ବି ଖତମ୍।
ଆଳୁ ପିଆଜର ଦର
ମନେ ନ ରଖିଲେ ବି ଚଳିବ,
ରୋଜ ସେ ସବୁ ପଣିକିଆ ଘୋଷିବାର
ପ୍ରୟୋଜନ କ'ଣ ?

ଟାଉନ୍ ବସ୍‌ରେ ଆଉ ଚଢ଼ନ୍ତୁନି,
ଆପଣ ଯିବେ ପରା ବହୁତ ବହୁତ ଦୂରକୁ ?
ଇନ୍ଦ୍ରଧନୁର ସମସ୍ତ ରଙ୍ଗ,
ଦୀର୍ଘ ପ୍ରତୀକ୍ଷା ପରର
ଅସରାଏ ବର୍ଷା,
ରାସ୍ତା କାନ୍ଥରେ ନୃତ୍ୟରତା ହେମାମାଳିନୀର ପୋଷ୍ଟର,
କଥା ଭୁଲିଯାନ୍ତୁ।
ପ୍ରଜାପତିର ଡେଣାରୁ ସବୁ ସୂର୍ଯ୍ୟାଲୋକ
ପୋଛିଦେଇ
ଆପଣ ଟିକଟ କାଟନ୍ତୁ
ଗ୍ରହାନ୍ତରର ବସ୍ ପାଇଁ।

ଆପଣଙ୍କ ଠିକଣା ହେବ ଏଥର
ଅରୁଆ କଦଳୀ ବଣ।

BLACK EAGLE BOOKS

www.blackeaglebooks.org
info@blackeaglebooks.org

Black Eagle Books, an independent publisher, was founded as a nonprofit organization in April, 2019. It is our mission to connect and engage the Indian diaspora and the world at large with the best of works of world literature published on a collaborative platform, with special emphasis on foregrounding Contemporary Classics and New Writing.

www.ingramcontent.com/pod-product-compliance
Lightning Source LLC
Chambersburg PA
CBHW020542080526
44583CB00013B/958
* 9 7 8 1 6 4 5 6 0 3 2 9 0 *